Martin Staeckling

Die wichtigsten digitalen Tools

Kooperatives Lernen

Cornelsen

Autor:
Martin Staeckling hat in Münster und Osnabrück Musik, Deutsch und das Unterrichtsfach Pädagogik studiert und war als Lehrer an einem Gymnasium tätig. Er arbeitet im Bereich der Potenzialanalyse in Bochum. Des Weiteren hält er Vorträge zu digitalen Medien im Unterricht.

Alle aufgeführten Systeme und Tools stellen nur Beispiele für die Unterrichtsgestaltung dar. Bitte stimmen Sie sich mit Ihrer Schulleitung dazu ab, welche Systeme oder Tools an Ihrer Schule im Rahmen der Unterrichtsgestaltung genutzt werden dürfen.

Projektleitung: Dorothee Weylandt, Berlin
Redaktion: Katia Simon, Essen
Umschlaggestaltung: Corinna Babylon/Jule Kienecker, Berlin
Illustrationen (Cover): Shutterstock.com/karnoff
Layout: krauß-verlagsservice, Ederheim/Hürnheim
Technische Umsetzung: Reemers Publishing Services GmbH, Krefeld

www.cornelsen.de

1. Auflage 2022

Druck: H. Heenemann, Berlin

ISBN 978-3-589-16882-8

PEFC
PEFC/04-31-1156

PEFC zertifiziert
Dieses Produkt stammt aus nachhaltig bewirtschafteten Wäldern und kontrollierten Quellen.

www.pefc.de

INHALT

Einleitung 4

Übersicht über alle vorgestellten Tools 5

PHASE 1: EINSTIEG 10

1.1 Ein kooperatives Mindmap erstellen mit Mind42 10
1.2 Eine Zeitleiste erstellen mit Timeline 12
1.3 Einen Advance Organizer erstellen mit Canva 14

PHASE 2: ERARBEITUNG 16

2.1 Steuerung von kooperativen Arbeitsphasen 16
2.1.1 Kooperative Arbeitsphasen strukturieren mit Classroomscreen 16
2.1.2 Zufällige Gruppen zusammenstellen mit Team Shake 19
2.1.3 Gruppenarbeitsphasen steuern mit ClassDojo 20
2.1.4 Distanzunterricht und Projektarbeit steuern mit OpenOLAT 22
2.1.5 Kooperativ arbeiten mit Oncoo 24
2.1.6 Arbeitsergebnisse vernetzen mit Trello 31
2.2 Formen der kooperativen Erarbeitung von Lernprodukten 33
2.2.1 Eine digitale Schnitzeljagd spielen und gestalten mit Actionbound 33
2.2.2 Einen Podcast erstellen mit Audacity 35
2.2.3 Einen kooperativen Blog oder eine Website erstellen mit Weebly 39
2.2.4 E-Books erstellen mit Creative Book Builder 41
2.2.5 Gemeinsam einen Film drehen mit iMovie 44
2.2.6 Stop-Motion-Videos erstellen mit dem Lego Movie Maker 47
2.2.7 Eine Reise unternehmen in Augmented Reality mit Quiver 49

PHASE 3: SICHERUNG 52

3.1 Kommentieren, üben, wiederholen mit Mentimeter 52
3.2 Umfragen durchführen mit Pingo 54
3.3 Ergebnisse präsentieren und vernetzen mit Prezi 56
3.4 Ergebnisse an einer digitalen Pinnwand sichern mit Padlet 58
3.5 Animierte Erklärvideos erstellen mit Renderforest 60
3.6 Eine Debatte durchführen mit Jitsi 62

EINLEITUNG

In den letzten Jahren wurde in Deutschland auf mehreren Ebenen dazu beigetragen, dass Schulen und Unterricht immer mehr auf die Möglichkeiten der Digitalisierung zurückgreifen können. Durch die Corona-Pandemie wurde erst deutlich, dass der digitale Fortschritt in der Schule oft noch nicht angekommen war, was dann aber aus pragmatischen Gründen in kurzer Zeit nachgeholt wurde. Distanzunterricht ersetzte den Präsenzunterricht und die Lehrer/-innen und Schüler/-innen setzten sich mit der notwendigen Hard- und Software auseinander, um den Unterricht digital von zu Hause aus gestalten zu können. Tablet-Klassen wurden flächendeckend eingeführt und auch Lehrerinnen und Lehrer verfügten oft über das notwendige Knowhow, das den meisten Schüler/-innen als Digital Natives schon längst zur Verfügung stand.
Vor diesem Hintergrund soll dieses Buch dazu anregen, Unterrichtsphasen kooperativ und digital zu gestalten. Für alle Unterrichtsphasen werden deshalb entsprechende Tools vorgestellt, mit denen sich analoge Unterrichtsvorgänge ersetzen, verbessern und um weitere neue Möglichkeiten ergänzen lassen. Viele Tools lassen sich auch im Distanzunterricht einsetzen. Die vorgestellten Apps greifen neue technische Fortschritte wie Augemented Reality auf, um diese sinnvoll in den Unterrichtsprozess zu integrieren.
Ich hoffe, dass sich die vorgestellten Tools in Ihren Unterricht integrieren lassen, und wünsche Ihnen und Ihren Schüler/-innen viel Spaß beim Ausprobieren.

Übersicht über alle vorgestellten Tools

Tool	Fächer	Kompetenzen – Schülerinnen und Schüler können…	Klasse
Einstieg			
1.1. Mind42 – Mindmap erstellen	alle	✍ Vorwissen aktivieren. ✍ Inhalte strukturieren. ✍ Beziehungen zwischen Faktoren herstellen.	alle
1.2. Timeline – Zeitleiste erstellen	alle	✍ Zeitabläufe darstellen. ✍ Gruppenarbeitsphasen zeitlich strukturieren.	alle
1.3 Canva – Advance Organizer erstellen	alle	✍ Planungstransparenz einer Reihe erlangen. ✍ Die Planung einer Unterrichtsreihe mitgestalten.	alle
Erarbeitung I: Steuerung von kooperativen Arbeitsphasen			
2.1.1 Classroomscreen – kooperative Arbeitsphasen strukturieren	alle	✍ Unterrichtsphasen geleitet durchlaufen. ✍ unterschiedliche Arbeitsphasen an entsprechenden Symbolen ablesen.	alle
2.1.2 Team Shake – zufällig Gruppen zusammenstellen	alle	✍ sich durch zielgerichtete Zuteilung im Lernprozess gegenseitig unterstützen. ✍ in wechselnden Gruppenkonstellationen arbeiten.	alle
2.1.3 ClassDojo – Gruppenarbeitsphasen steuern	alle	✍ Unterrichtsphasen geleitet durchlaufen. ✍ Regeln der jeweiligen Arbeitsphase nachvollziehen. ✍ Gruppenergebnisse digital sammeln und teilen.	alle

2.1.4 Open Olat – Distanzunterricht und Projektarbeit steuern	alle	✍ an Distanzunterricht geleitet teilnehmen. ✍ kooperative Arbeitsergebnisse sichern. ✍ sich vernetzen und austauschen.	alle
2.1.5 Oncoo – kooperativ arbeiten	alle	✍ lerntempogerecht arbeiten. ✍ mit jemandem mit gleichem Arbeitstempo Ergebnisse vergleichen und zusammenführen. ✍ komplexere Aufgabenstellungen kooperativ bearbeiten. ✍ Ergebnisse präsentieren.	alle
2.1.6 Trello – Arbeitsergebnisse vernetzen	alle	✍ Ergebnisse einer Gruppenarbeit übersichtlich darstellen. ✍ ihre Ergebnisse betrachten und vernetzen. ✍ ihre Ergebnisse digital für eine spätere Wiederholung sichern. ✍ andere Medien mit in ihre Ergebnisse integrieren.	alle
Erarbeitung II: Formen der kooperativen Erarbeitung von Lernprodukten			
2.2.1 Actionbound – digitale Schnitzeljagd spielen und gestalten	alle	✍ Aufgaben zu behandelten Lerninhalten beantworten. ✍ Lerninhalte in Form einer digitalen Schnitzeljagd darstellen und abfragen.	alle

2.2.2. Audacity – Podcast erstellen	alle	⛛ Ergebnisse einer Gruppenarbeit in Form eines Podcasts darstellen. ⛛ Ablauf und Inhalt des Podcasts erarbeiten. ⛛ die Ergebnisse aufnehmen und anschließend schneiden und bearbeiten.	alle
2.2.3 Weebly – Blog oder Website erstellen	alle	⛛ Ergebnisse einer Gruppenarbeit übersichtlich in digitaler Form darstellen. ⛛ Blogs, Webseiten oder Portfolios erstellen. ⛛ Inhalte in das entsprechende Format einfügen.	alle
2.2.4 Creative Book Builder – E-Books erstellen	alle	⛛ kooperativ E-Books erstellen. ⛛ erlerntes Wissen in einem E-Book darstellen. ⛛ Handlungen aus einer Geschichte in einem eigenen E-Book umsetzen.	alle
2.2.5 iMovie – Film drehen	alle	⛛ kooperativ Filmsequenzen erstellen und zu einem Film/Video schneiden. ⛛ erlerntes Wissen, Handlungen aus einem Buch oder Abläufe von naturwissenschaftlichen Experimenten in einem Film darstellen	alle
2.2.6 Lego Movie Maker – Stop-Motion-Videos erstellen	alle	⛛ kooperativ Stop-Motion-Videos mit Legofiguren erstellen.	alle

		✍ erlerntes Wissen in einem Film darstellen.	
2.2.7 Quiver – Augmented Reality erleben	alle	✍ dreidimensionale Strukturen mithilfe von Augmented Reality erfassen. ✍ gemeinsam virtuelle Touren unternehmen. ✍ 3D-Strukturen selbstständig gestalten.	alle
Sicherung			
3.1 Mentimeter – kommentieren, üben, wiederholen	alle	✍ Kommentare und Fragen zu kooperativen Arbeitsergebnissen formulieren. ✍ an einer Umfrage oder einem Quiz teilnehmen. ✍ gemeinsam eine Schlagwortwolke erstellen	alle
3.2 Pingo – Umfragen durchführen	alle	✍ Feedback für eine kooperative Arbeitsphase geben. ✍ Eindrücke und Verbesserungsvorschläge anonymisiert rückmelden.	alle
3.3 Prezi – Ergebnisse präsentieren und vernetzen	alle	✍ Ergebnisse übersichtlich darstellen. ✍ ihre Ergebnisse im Zusammenhang mit den Ergebnissen anderer betrachten und vernetzen. ✍ ihre Ergebnisse digital für eine spätere Wiederholung sichern.	alle

		✍ andere Medien, wie Foto-, Audio- oder Videoformate, mit in ihr Prezi einfließen lassen.	
3.4 Padlet – digitale Pinnwand füllen	alle	✍ Ergebnisse einer Gruppenarbeit übersichtlich in digitaler Form darstellen. ✍ ihre Ergebnisse digital für eine spätere Wiederholung sichern. ✍ andere Medien, wie Foto-, Audio- oder Videoformate, mit in ihre Pinnwand einfließen lassen.	alle
3.5 Renderforest – Animierte Erklärvideos erstellen	alle	✍ Ergebnisse einer Gruppenarbeit übersichtlich in digitaler Form darstellen. ✍ Ergebnisse digital für eine spätere Wiederholung sichern.	alle
3.6 Jitsi – Debatte durchführen	alle	✍ sprachlich versiert Argumente formulieren. ✍ Gestik und Mimik beim Vortrag nutzen. ✍ eine Debatte moderieren.	alle

1.1 Ein kooperatives Mindmap erstellen mit Mind42

Ziele/Kompetenzen

Die Schüler/-innen können …

- zu einem vorgegebenen Thema oder Begriff Gedanken, Ideen und Assoziationen entwickeln und diese miteinander verbinden.
- Begriffe ordnen.
- Vorwissen aktivieren.
- Inhalte strukturieren.
- Beziehungen zwischen einzelnen Faktoren herstellen.

Fach/Klasse

Für alle Fächer und Jahrgangsstufen geeignet

Einsatzmöglichkeiten

- Brainstorming
- Wiederholen von Inhalten
- Inhalte strukturiert darstellen (z. B. bei einer Figurenkonstellation)
- Sicherung von Inhalten einer Stunde, Sequenz oder Reihe

Verwendungshinweise

Mind42 ist ein kostenloses Browser-Tool um Mindmaps zu erstellen. Dies kann kooperativ geschehen, indem der Link zur jeweiligen Map geteilt wird. Die Ergebnisse lassen sich als PDF speichern und online teilen. Mind42 lässt sich auch im Distanzunterricht verwenden.

Vorbereitung

- Die Registrierung mit einem Anmeldenamen und einem E-Mail-Konto muss abgeschlossen sein.
- Der Aktivierungscode wird über das E-Mail-Konto bestätigt.
- Entsprechende digitale Endgeräte (Smartphones, Tablets, Laptops, PCs) müssen vorhanden, aufgeladen und auf Updates geprüft sein.
- Es muss Internet (WLAN) im Klassenraum vorhanden sein.
- Die Map sollte der Lerngruppe über ein Präsentationstool (Whiteboard, Smart-TV oder Beamer) angezeigt werden können.

Sozialformen	Ähnliche Apps
✍ Think-Pair-Share ✍ Plenum ✍ Gruppenarbeit	✍ Oncoo ✍ Popplet Lite ✍ MindMeister ✍ MindMup2 ✍ Mapul

Beschreibung

Mit Mind42 lassen sich Mindmaps von Lehrkräften und Schüler/-innen einfach erstellen. Zunächst wird ein zentraler Begriff gesetzt. Dieser lässt sich über ein Pluszeichen durch einen oder mehrere Begriffe ergänzen. Die neuen Begriffe sind ebenfalls über das Pluszeichen miteinander vernetzbar. Es lassen sich auch Fotos, Icons und Weblinks in das Mindmap einfügen. Die Schriftgröße und Farbe können bei den jeweiligen Begriffen unterschiedlich eingestellt werden, um z. B. eine höhere Gewichtung einzelner Begriffe darzustellen und diese farblich zu sortieren.
Als kooperatives Verfahren lässt sich Mind42 einsetzen, indem andere Teilnehmende bei einem Klick auf den Namen der Mindmap über ihre E-Mail-Adresse eingeladen werden können. So besteht für einzelne Schüler/-innen oder Kleingruppen die Möglichkeit, sich an der Erstellung des Mindmaps zu beteiligen. Anschließend kann das Mindmap im Plenum besprochen und gegebenenfalls verändert werden. Um das Mindmap zu veröffentlichen oder in ein anderes Format (z. B. PDF) zu überführen, stehen ebenfalls über den Namen des Projektes die Funktionen „Publish“ und „Export“ zur Verfügung.
Achtung! Bei der Veröffentlichung wird das Mindmap auf die Website von mind42.com gestellt und ist allen zugänglich.

TIPPS

- ✍ Mindmaps eigenen sich besonders gut für den Einstieg in Stunden oder Unterrichtsreihen, da sie vorhandenes Wissen aktivieren und einen Überblick über die einzelnen Aspekte liefern können.
- ✍ Schüler/-innen werden durch diese Methode aktiviert, da sie unvoreingenommen ihre ersten Gedanken und Ideen einbringen können, selbst wenn sie in dem jeweiligen Fach nicht besonders leistungsstark sind.
- ✍ Das gespeicherte Mindmap kann zum Ende der Stunde oder Reihe erneut gezeigt und gegebenenfalls durch Erlerntes ergänzt und korrigiert werden

VARIANTEN

- ✍ In der kostenpflichtigen App mapul.com lassen sich Mindmaps mit besonders ansprechendem Design erstellen, z. B. gezeichnete Äste.

1.2 Eine Zeitleiste erstellen mit Timeline

Ziele/Kompetenzen

Die Schüler/-innen können …

- Zeitabläufe chronologisch in einer Grafik darstellen.
- die Übersicht von Stundenabläufen besser verstehen.
- Arbeitsabfolgen von Gruppenarbeitsphasen grafisch darstellen.

Fach/Klasse

Für alle Fächer und Jahrgangsstufen geeignet

Einsatzmöglichkeiten

- Zeitlich Abfolgen können grafisch dargestellt werden (besonders für den Geschichtsunterricht geeignet).
- Abläufe von kooperativen Arbeitsphasen können zu Beginn der Stunde strukturiert werden.

Verwendungshinweise

- Timeline ist ein kostenloses Browser-Tool der Open-Source-Organisation Read Write Think.
- Es ist nur in englischer Sprache verfügbar.
- In einer Zeitleiste werden Ereignisse oder Abfolgen chronologisch dargestellt. Sie können mit Zusatzinformationen oder Bildern versehen werden.

Vorbereitung

- Entsprechende digitale Endgeräte (Smartphones, Tablets, Laptops, PCs) müssen vorhanden, aufgeladen und auf Updates geprüft sein.
- Es genügt eine Anmeldung mit einem Namen.
- Ergänzende Bilder und Informationen müssen erstellt werden.
- Eine Internetverbindung (WLAN) ist notwendig.

Sozialformen	Ähnliche Apps
Plenum Gruppenarbeit	Awork.io Asana

Beschreibung

Nach der Anmeldung hat man vollen Zugriff auf das Open-Source-Tool, Durch einen Klick auf die entsprechende Position der Leiste lassen sich einzelne Ereignisse erstellen. Zum Ereignis wird eine bestimmte Jahreszahl oder Uhrzeit hinzugefügt. Ebenso können das Ereignis mit einer Kurzbeschreibung versehen und Bilder hinzugefügt werden. Es erscheint ein Punkt auf der Timeline, der mit einem Kasten verbunden ist, der Informationen zu dem jeweiligen Ereignis erhält. Der Punkt und das Kästchen lassen sich verschieben. Mit einem Doppelklick lässt sich der Inhalt erneut bearbeiten. Abschließend kann man über die Taste „Finish“ die Timeline als PDF abspeichern.

1.3 Einen Advance Organizer erstellen mit Canva

Ziele/Kompetenzen

Die Schüler/-innen können …

- Ziele und Verfahren einer Unterrichtsreihe nachvollziehen.
- eigene Ideen und Themen in die Unterrichtsreihe einbringen.
- Planungssicherheit erlangen.
- transparente Darstellungen einer Unterrichtseinheit erstellen.

Fach/Klasse

Für alle Fächer und Jahrgangsstufen geeignet

Einsatzmöglichkeiten

Zu Beginn einer Unterrichtsreihe gibt der Advance Organizer eine strukturierte Übersicht der neuen Lerninhalte und verknüpft diese visuell. Canva bietet die Möglichkeit, einen solchen Organizer kooperativ zu erstellen.

Verwendungshinweise

Der Organizer lässt sich mit dem kostenlosen Tool „Canva" kollaborativ von unterschiedlichen digitalen Endgeräten aus erstellen. Am besten eignen sich Tablets, PCs oder Laptops, da sich der Advance Organizer so übersichtlicher darstellen lässt. Für die Gesamtansicht im Klassenraum wird ein Präsentationstool (Beamer, Whiteboard, Smart-TV) benötigt. Falls es keine Internetverbindung (WLAN) gibt, könne die Schüler/-innen ihre Ergebnisse auch von zu Hause aus übermitteln.

Vorbereitung

- Entsprechende digitale Endgeräte (Smartphones, Tablets, Laptops, PCs) müssen vorhanden, aufgeladen und auf Updates geprüft sein.
- Es muss Internet (WLAN) im Klassenraum vorhanden sein.

Sozialformen	Ähnliche Apps
Paararbeit	Padlet
Think-Pair-Share	Edraw
Arbeitsteilige Gruppenarbeit	Prezi
	Dribbble

Beschreibung

Ein Advance Organizer ist ein zu Beginn einer Unterrichtsreihe gegebenes Lerngerüst, dass den Schüler/-innen die unterschiedlichen Themenschwerpunkte und Sequenzen übersichtlich und gedanklich strukturiert transparent machen soll. Im Verlauf der Reihe kann auf den Organizer Bezug genommen werden, um den jeweiligen Lernfortschritt deutlich zu machen. Mit Canva kann der Advance Organizer ohne Anmeldung digital erstellt werden.
Für die kooperative Gestaltung ist eine kostenlose Anmeldung notwendig. Für die Anmeldung benötigt man nur eine E-Mail-Adresse.
Bei Canva besteht die Möglichkeit, zwischen verschiedenen Formatvorlagen auszuwählen. Die Vorlagen für den Sequence Graphic Organizer eignen sich für einen Advance Organizer am besten, da sie zeitliche Abläufe gut visuell darstellen und sich diese auch verknüpfen lassen. Schüler/-innen können je nach Jahrgangsstufe stärker geleitet oder freier nach Vorgaben einzelne Themengebiete vorstrukturieren und grafisch umsetzen, z. B. durch Bilder oder Videos. So entsteht durch das Zusammenfügen von Beschreibungen, Begriffen, Erklärungen, Videos, Bildern oder Schaubildern eine Lernlandkarte, die motivierend auf die Schülerinnen und Schüler wirkt, da sie selbst an der Planung der bevorstehenden Reihe beteiligt wurden. Die Übersicht steht anschließend den Schüler/-innen digital zur Verfügung und kann im weiteren Verlauf angepasst oder erweitert werden.

TIPP Während höhere Jahrgangsstufen stärker an der Ausarbeitung beteiligt werden können, können jüngere Schüler/-innen z. B. die Reihenfolge der einzelnen Sequenzen gemeinsam festlegen, Fragestellungen zu diesen entwickeln oder sich an der grafischen Gestaltung des Organizers beteiligen.

VARIANTEN Auch über Padlet ist das kollaborative Erstellen eines Advance Organizers möglich. Allerdings ist die Auswahl der Vorlagen begrenzt und diese sind nicht unbedingt auf die Erstellung eines Organizers ausgerichtet.

2.1. Steuerung von kooperativen Arbeitsphasen

2.1.1 Kooperative Arbeitsphasen strukturieren mit Classroomscreen

Ziele/Kompetenzen

Die Schüler/-innen können …

- geleitet verschiedene Gruppenarbeitsphasen durchlaufen.
- sich in Gruppenarbeitsphasen an Zeit- und Lautstärkevorgaben orientieren.
- unterschiedliche Arbeitsphasen an entsprechenden Symbolen ablesen.

Fach/Klasse

Für alle Fächer und Jahrgangsstufen geeignet

Einsatzmöglichkeiten

- Strukturierung von Arbeitsphasen
- Zeit messen
- Vorgabe der Arbeitsform
- Lautstärkebegrenzung

Verwendungshinweise

Die Nutzung des browserbasierten Tools ist kostenlos. Classroomscreen benötigt keine Anmeldung. Die Sprachauswahl erfolgt über den rechten Einstellungsbutton. Die Voreinstellung ist auf Englisch. Deutsch ist ebenso möglich wie andere Fremdsprachen, z. B. Spanisch oder Französisch für den entsprechenden Fachunterricht. Auch das Hintergrundbild ist frei wählbar und findet sich als erstes Tool links unten. Es stehen einige Presets mit Landschaftsaufnahmen zur Verfügung. Es ist auch möglich, einen Screenshot als Hintergrund zu wählen. Das kann sinnvoll sein, wenn man die Ergebnisse der letzten Stunde als Bild gesichert hat. Auch die Übersicht des Stundenverlaufs kann als Hintergrund verwendet werden, um Transparenz für die Schüler/-innen herzustellen. Ebenso kann in der Erarbeitungsphase eine Aufgabenstellung als Hintergrund gewählt werden, die dann für alle Schülerinnen und Schüler sichtbar ist. Es ist ebenfalls möglich, die Live-Aufnahme einer Webcam im Hintergrund laufen zu lassen. Das kann sinnvoll sein, wenn man damit z. B. ein Experiment filmt. So kann eine Webcam als Dokumentenkamera genutzt werden. Ergebnisse können dann über eine digitale Präsentationsform (Beamer, interaktive Tafel, Smart-TV) der gesamten Lerngruppe präsentiert werden. Leider lassen sich diese Aufnahmen nicht speichern.

Vorbereitung

- Es muss ein Lehrkräfte-PC oder -Tablet mit einer Internetverbindung vorhanden sein.
- Ein Präsentationstool (Beamer, Smartboard, Smart-TV) ist notwendig.

Sozialformen	Ähnliche Apps
Paararbeit	Classdojo
Arbeitsteilige Gruppenarbeit	Bouncing Balls
Think-Pair-Share	Wordwall
Schreibgespräch	schabi.ch
Lerntandem	
Gruppenpuzzle	

Beschreibung

Classroomscreen wurde 2017 vom niederländischen Lehrer Laurens Koppers entwickelt. Das Tool bietet ein webbasiertes interaktives Whiteboard, mit dem sich Unterrichtsprozesse steuern und Probleme des Portfoliomanagements lösen lassen. Zur Anwendung benötigt man einen Internetanschluss, einen PC und einen Beamer. Ein Smartphone oder Tablet ist für die meisten Anwendungen nicht nötig. Die App ist kostenlos und in jedem Fall eine einfache Möglichkeit, um Whiteboard-Funktionen zu nutzen, ohne über ein Whiteboard verfügen zu müssen. Dennoch lässt sie sich auch auf Whiteboards anwenden und erweitert deren Möglichkeiten durch zusätzliche Tools.

Es lassen sich mit Classroomscreen Arbeitsaufträge erstellen und Gruppenarbeitsphasen steuern. Außerdem verfügt das Programm über eine Feedbackfunktion, bei der am Ende der Stunde ein Meinungsbild eingeholt werden kann.

Im Bereich des Classroommanagements verfügt Classroomscreen über eine Lautstärkemessung, eine Ampel, einen Timer, eine Stoppuhr und einen Zufallsgenerator. Ein besonderer Vorteil von Classroomscreen ist, dass sich verschiedene Anwendungen miteinander kombinieren lassen. Dadurch lässt sich die Praxisrelevanz von kleineren Tools (z. B. der Ampel) deutlich erhöhen, indem sie mit anderen Anwendungen kombiniert werden. Die Anzahl der möglichen Kombinationen ist praktisch unbegrenzt und kann so individuell an die jeweilige Lernsituation angepasst werden. In einer Stillarbeitsphase wird den Schüler/-innen durch eine bestimmte Kombination transparent gemacht, welche Arbeitsform (z. B. Flüstern) gerade durchgeführt wird und wie lange sie noch dauert. Durch die Verknüpfung von Lautstärke und Ampel wird kontrolliert, dass sich alle an die Vorgaben des Flüsterns halten, gegebenenfalls kann durch das Umstellen der Ampel reagiert werden. Die Uhrzeit wird auch angezeigt, um den Schüler/-innen sichtbar zu machen, wie lange die Unterrichtsstunde noch dauert.

TIPPS

Folgende Tools sind über Classroomscreen verfügbar und lassen sich kombinieren:

- zufälliger Name (Zufallsgenerator)
- Würfel
- Medien (z. B. Links, Fotos, Grafiken, YouTube)
- Lautstärke (Lautstärkemesser mit Mikrofon)
- QR-Code
- Zeichnung
- Textfeld
- Arbeitssymbole
- Ampel
- Timer, Stoppuhr, Uhr und Kalender
- Classroomscreen Classic Poll (hiermit lassen sich Umfragen durchführen)

VARIANTEN

Besonders das Medientool ist bei der Erstellung von Grafiken oder Gruppenarbeitsergebnissen sinnvoll. Mit einem Klick lassen sich verschiedene Quellen öffnen. Durch die Anwendung können Fotos, Abbildungen und Grafiken einfach in einem kleinen Fenster ein- und ausgeblendet werden, während z. B. im Hintergrund eine Hauptgrafik zu sehen ist. Ein Bild, die Einbindung eines YouTube-Videos oder die Webcamdarstellung sind möglich. YouTube ermöglicht den schnellen Einsatz von Videos, ohne dass dafür extra ein Browser geöffnet werden muss. Sicherlich stellt sich hier auch die Frage, ob es kein browserbasiertes Tool gibt, das die Einbindung anderer Inhalte aus dem Internet ermöglicht. Hierfür bietet ClassDojo eine gute Alternative.

2.1.2 Zufällige Gruppen zusammenstellen mit Team Shake

Ziele/Kompetenzen

Die Schüler/-innen …

- lernen in immer unterschiedlichen Gruppen zusammen.
- können sich durch zielgerichtete Zuteilung im Lernprozess gegenseitig unterstützen

Fach/Klasse

Für alle Fächer und Jahrgangsstufen geeignet

Einsatzmöglichkeit

- Zufällige Zusammenstellung von Gruppen

Verwendungshinweise

- Es können spezifische Eigenschaften der Schüler/-innen (z. B. Geschlecht oder Leistungsstärke) bei der zufälligen Einteilung berücksichtigt werden.
- Das Tool eignet sich besonders für die Einteilung von Teams im Sportunterricht.

Vorbereitung

- Die App muss im Playstore (Android) oder im App Store (iOS) runtergeladen und installiert werden.
- Die App ist kostenpflichtig.
- Listen mit allen Schüler/-innen der Lerngruppe werden erstellt, wobei verschiedene Zusatzinformationen (Geschlecht, Alter, zweite Fremdsprache, Konfession, Interessen, Leistungsstärke) den einzelnen Schüler/-innen zugeordnet und bei der Zuteilung zu Gruppen berücksichtigt werden können.

Sozialformen	Ähnliche Apps
Paararbeit	Classroomscreen
Arbeitsteilige Gruppenarbeit	Oncoo
Think-Pair-Share	ClassDojo
Lerntandem	Trello
Gruppenpuzzle	Open Olat

Beschreibung

Team Shake ist eine einfache Möglichkeit, um zufällige Gruppen zu erstellen. Es müssen alle Namen in eine Klassenliste eingetragen und gespeichert werden. Die Namen können auch aus Excel-Listen oder E-Mails importiert werden. Die Schülerinnen und Schüler werden durch das Schütteln des Smartphones in zufällige Gruppen eingeteilt. Dabei kann man die Anzahl der Teams festlegen. Wenn gleichmäßigere Gruppen erstellt werden sollen, können Vorgaben gemacht werden, z. B. um Mädchen mit Jungen zu mischen. Bei jeder Person kann zusätzlich angeben werden, wie leistungsstark oder -schwach diese ist. Die App ist hilfreich, da mit einem einfachen Schütteln ausgeglichene Teams zusammengestellt werden können. So kann man im Rahmen der Binnendifferenzierung beispielsweise bei Gruppenarbeiten starke und schwache Schüler/-innen mischen. Durch das Zufallsprinzip mit dem Smartphone können auch Diskussionen um die Gruppenzusammenstellung seitens der Schülerinnen und Schüler unterbunden werden, und sie lernen, auch mit anderen Mitschüler/-innen zu arbeiten, da ansonsten immer ähnliche Gruppen über die Tischzuteilung oder Sympathien untereinander entstehen. Die App spart damit Zeit und Nerven und erstellt zudem noch faire und sinnvolle Teams.

TIPPS

- Die zufällige Zuteilung erhöht die Akzeptanz bei Schüler/-innen.
- Binnendifferenzierung lässt sich mit Team Shake effektiv und transparent steuern.

VARIANTEN

Viele der Classroommanagement-Funktionen sind auch bei Classroomscreen verfügbar. Die digitale Steuerung von Gruppenarbeitsphasen lässt sich gut über Oncoo organisieren.

2.1.3 Gruppenarbeitsphasen steuern mit ClassDojo

Ziele/Kompetenzen

Die Schüler/-innen können …

- geleitet verschiedene Gruppenarbeitsphasen durchlaufen.
- sich in Gruppenarbeitsphasen an Zeit- und Lautstärkevorgaben orientieren.
- Aufgabenstellungen über die App einsehen.
- Gruppenergebnisse in einem Portfolio sammeln und hochladen.

Fach/Klasse
Für alle Fächer und Jahrgangsstufen geeignet

Einsatzmöglichkeiten
✍ Strukturierung von Arbeitsphasen ✍ Vorgabe der Arbeitsform ✍ Lautstärkebegrenzung

Verwendungshinweise
ClassDojo ist ein kostenloses Tool, um Aufgaben des Classroommanagements digital vorzunehmen. Gruppenarbeitsphasen lassen sich so digital steuern und die Ergebnisse der Arbeitsphase als Portfolio hochladen, weshalb die App besonders für den Distanzunterricht geeignet ist.

Vorbereitung
✍ Es muss ein Lehrkräfte-PC oder -Tablet mit einer Internetverbindung vorhanden sein. ✍ Ein Präsentationstool (Beamer, Smartboard, Smart-TV) ist notwendig. ✍ ClassDojo benötigt die Registrierung der Lehrkraft per Mail und aller Schüler/-innen mit Namen.

Sozialformen	Ähnliche Apps
✍ Paararbeit ✍ Arbeitsteilige Gruppenarbeit ✍ Think-Pair-Share ✍ Lerntandem ✍ Gruppenpuzzle	✍ Oncoo ✍ Classroomscreen

Beschreibung

ClassDojo enthält viele Funktionen einer Classroommanagement-App wie Classroomscreen, die von zusätzlichen Funktionen zur Steuerung kooperativer Arbeitsphasen ergänzt werden. Zunächst kann in ClassDojo eine Klasse angelegt werden, die die Namen aller Schüler/-innen enthält. Nun lassen sich verschiedene Tools anwenden, die auch für die Verwendung im Distanzunterricht geeignet sind.

Mit der Anwendung „Group Maker" lassen sich aus der bestehenden Klasse Kleingruppen per Zufallsgenerator zusammenstellen, wobei sich die Gruppengröße einstellen lässt. Die Aufgaben lassen sich über „Directions" der Klasse anzeigen, die vorgegebene Zeit wird über die Anwendung „Timer" visualisiert. Ähnlich wie bei Classroomscreen kann die Lautstärke mit dem Noise Meter gemessen und begrenzt werden. Es lässt sich, falls gewünscht, an die jeweilige Arbeitsphase angepasste Hintergrundmusik wählen. Zusätzlich können über die Funktion „Random" vortragende Schüler/-innen zufällig auswählen. Über das Tool „Think-Pair-Share" lassen sich nur Fragen visualisieren, die Arbeitsphase wird dadurch aber nicht gesteuert. Die Gruppenarbeitsergebnisse lassen sich über ein Portfolio erstellen und hochladen. So besteht die Möglichkeit, Texte, Videos, Zeichnungen, Fotos oder Worksheets hochzuladen. Im Distanzunterricht bietet ClassDojo die Möglichkeit einer Messengerfunktion, durch die sich Schüler/-innen in den jeweiligen Gruppen austauschen können.

TIPPS

Folgende Tools sind über ClassDojo verfügbar:
- Timer
- Random
- Group Maker
- Noise Meter
- Directions
- Think-Pair-Share
- Today
- Music

VARIANTEN

Viele der Classroommanagement-Funktionen sind auch bei Classroomscreen verfügbar. Die digitale Steuerung von Gruppenarbeitsphasen lässt sich über Oncoo organisieren.

2.1.4 Distanzunterricht und Projektarbeit steuern mit OpenOLAT

Ziele/Kompetenzen

Die Schüler/-innen können …
- an Einheiten des Distanzunterrichts organisiert teilnehmen.
- kooperative Arbeitsergebnisse erstellen.
- sich über Chats, ein Forum oder verschiedene Videokonferenz-Tools vernetzen und austauschen.

Fach/Klasse
Für alle Fächer und Jahrgangsstufen geeignet

Einsatzmöglichkeiten
✍ Organisation von Distanzunterricht ✍ Unterrichtsvorbereitung ✍ Organisation von kooperativen Arbeitsphasen ✍ Durchführung von Videokonferenzen ✍ Online-Bereitstellung von Unterrichtsmaterialien

Verwendungshinweise
OpenOLAT ist ein kostenloses Tool, das sich besonders für den Distanzunterricht eignet. Es kann damit in Videochats, dem Forum und über Chats kommuniziert werden. Die Ergebnisse von Gruppenarbeitsphasen lassen sich als Ordner, als Portfolio oder als Wiki hochladen.

Vorbereitung
✍ Die Anmeldung ist über ein persönliches Konto sinnvoll, das über die E-Mail-Adresse registriert wird. So können Daten gespeichert werden. Soll keine Speicherung vorgenommen werden, ist die Nutzung auch ohne Konto möglich. ✍ Die Schüler/-innen müssen über ein aufgeladenes, auf Updates geprüftes Endgerät und über eine Internetverbindung (WLAN) verfügen.

Sozialformen	Ähnliche Apps
✍ Onlineunterricht ✍ Paararbeit ✍ Arbeitsteilige Gruppenarbeit ✍ Think-Pair-Share ✍ Lerntandem ✍ Gruppenpuzzle	✍ Schulcloud ✍ IServ ✍ Moodle

Beschreibung

Seit Beginn der Coronapandemie ist es phasenweise zu Formen von Distanzunterricht gekommen. Dieser Unterricht wurde häufig über Schulsysteme wie IServ oder Schulcloud organisiert. OpenOLAT bietet ähnliche Funktionen, jedoch sind die Möglichkeiten der Nutzung deutlich komplexer und vielfältiger. So lassen sich nach dem Anlegen einer Lerngruppe verschiedene Formen des Austausches nutzen. Es verfügt über die drei Videokonferenz-Tools OpenMeetings, Adobe Connect und BigBlueButton, die für verschiedene Formen von Onlinekonferenzen geeignet sind. Sollte ein System überlastungsbedingt ausfallen, stehen zwei weitere als Ausweichmöglichkeiten zur Verfügung. OpenOLAT erlaubt durch die Rollen- und Rechtevergabe sowie die Gruppen eine gezielte Kurs-, Gruppen- und Benutzer/-innenbetreuung. Soziale Werkzeuge wie Blogs, Foren, Wikis, Podcasts und die Dateidiskussion, E-Mail und Chat ermöglichen die Kommunikation und kollaborative Zusammenarbeit von OpenOLAT-Nutzenden. Gruppen können unabhängig von Kursen auch für Projektarbeiten verwendet und je nach Konfiguration auch von den Lernenden selbst erstellt und verwendet werden. Seit dem 8.2-Release wird dabei nicht mehr zwischen kursgebundenen Lerngruppen und kursunabhängigen Arbeitsgruppen unterschieden. Klassen mit mehreren Kurszuweisungen können mit den Gruppen ebenfalls abgebildet werden. Die Portfoliovorlagen helfen dabei, die Ergebnisse von Gruppenarbeitsphasen sinnvoll vorzustrukturieren. Insgesamt gibt das Tool viele verschiedene Möglichkeiten, um Distanzunterricht, aber auch Projektarbeit sinnvoll zu gestalten.

TIPPS

Folgende Tools sind über ClassDojo verfügbar:

- Kalender
- E-Mail-Verteiler
- Ordner
- Forum
- Chat
- Wiki
- Portfolio
- OpenMeetings
- Adobe Connect
- BigBlueButton

VARIANTEN

Viele Schulen verfügen über ein schulinternes Organisationstool, meistens Moodle, Schulcloud oder IServ. Allerdings lassen sich dort die Ergebnisse nicht so vielfältig darstellen wie bei OpenOLAT.

2.1.5 Kooperativ arbeiten mit Oncoo

Das von den Dozenten Olaf Müller und Thomas Müller an der Universität Osnabrück entwickelte Tool Oncoo verfügt über mehrere Möglichkeiten, Gruppenarbeiten zu organisieren und zu steuern. Neben einer Kartenabfrage lassen sich ebenfalls ein Helfersystem, ein Lerntempoduett, ein Placemat und ein Umfragetool verwenden. Da das Programm besonders auf die Steuerung von kooperativen Arbeitsphasen angelegt ist, werden hier drei Tools vorgestellt, mit deren Hilfe sie ihren Unterricht in Präsenz oder Distanz abwechslungsreich gestalten können:

Schüler/-innen unterstützen sich gegenseitig mit dem Helfersystem

Ziele/Kompetenzen

Die Schüler/-innen können …
- sich gegenseitig bei der Erarbeitung von Aufgaben unterstützen.
- binnendifferenziert zusammenarbeiten, indem leistungsschwächere Schüler/-innen durch die der Leistungsstärkeren unterstützt werden.

Fach/Klasse

Für alle Fächer und Jahrgangsstufen geeignet

Einsatzmöglichkeiten

- In heterogenen Lerngruppen mit ausreichend leistungsstarken Schüler/-innen und welchen mit Unterstützungsbedarf
- Think-Pair-Share-Phasen über eine App steuern

Verwendungshinweise

Bei einem Oncoo handelt es sich um eine kostenlose, browserbasierte Anwendung, die von digitalen Endgeräten genutzt werden kann. Es ist keine Registrierung nötig. Die Übersicht der vorhandenen Helferinnen und Helfer muss der gesamten Lerngruppe über eine digitale Präsentationsform (Beamer, interaktive Tafel, Smart-TV) präsentiert werden.

Vorbereitung

- Entsprechende digitale Endgeräte (Smartphones, Tablets, Laptops, PCs) müssen vorhanden, aufgeladen und auf Updates geprüft sein.
- Es muss Internet (WLAN) im Klassenraum vorhanden sein.

Sozialformen	Ähnliche Apps
Paararbeit Gruppenarbeit	Etherpad Flinga-Wall

Beschreibung

Durch das Helfersystem können Schüler/-innen nach Beendigung eines Arbeitsauftrags sichtbar machen, dass sie anderen bei den Aufgaben helfen können, indem sie ihren Status ändern. Dabei wird der Name des betreffenden Schülers bzw. der betreffenden Schülerin auf der Pinnwand unter „Helfer“ angezeigt, wodurch langsamere Lernende wissen, bei wem sie sich Unterstützung holen können. So lässt sich innerhalb der Klasse eine Binnendifferenzierung vornehmen und Sprinteraufgaben entfallen. Stattdessen helfen sich Schüler/-innen in einer kooperativen Lernform gegenseitig. Das Helfersystem biete eine gute Möglichkeit, diesen Vorgang zu steuern. Allerdings bleibt bei dieser einfachen Form die Frage, ob unbedingt eine App nötig ist, oder ob es nicht auch reicht, wenn die fertigen Schüler/-innen sich melden und die Lehrkraft deren Namen für die anderen an die Tafel schreibt. Im Distanzunterricht ist das natürlich nicht möglich.

TIPPS

- Helfenden Schüler/-innen können zusätzliche Materialien zur Verfügung gestellt werden.
- Eine zeitnahe Anzeige der helfenden Schüler/-innen ermöglicht eine rasche Unterstützung.

Ein digitales Lerntempoduett durchführen

Ziele/Kompetenzen

Die Schüler/-innen können …

- in ihrem eigenen Lerntempo eine Aufgabe bearbeiten.
- mit einem Partner bzw. einer Partnerin, der bzw. die das gleiche Arbeitstempo hat, Ergebnisse vergleichen und zusammenführen.
- auf Grundlage dieser Ergebnisse komplexere Aufgabenstellungen kooperativ bearbeiten.
- die gemeinsam erarbeiteten Ergebnisse präsentieren.

Fach/Klasse

Für alle Fächer und Jahrgangsstufen geeignet

Einsatzmöglichkeiten

- Mehrschrittige Aufgabenstellungen
- Think-Pair-Share-Phasen über eine App steuern

Verwendungshinweise
Das Lerntempoduett lässt sich bei dem kostenlosen, browserbasierten Tool Oncoo am besten mit Smartphones und Tablets umsetzen, da hierfür wenig Platz auf dem Display benötig wird. Es ist aber auch mit allen anderen digitalen Endgeräten umsetzbar. Die Lehrperson benötigt einen PC oder ein Tablet, dessen Bildschirm über eine Präsentationsform (Beamer, interaktive Tafel, Smart-TV) angezeigt wird. Eine Anmeldung mit dem Vornamen ist nötig.

Vorbereitung
✍ Entsprechende digitale Endgeräte (Smartphones, Tablets, Laptops, PCs) müssen vorhanden, aufgeladen und auf Updates geprüft sein. ✍ Eine Internetverbindung (WLAN) ist notwendig.

Sozialformen	Ähnliche App
Think-Pair-Share	Team Shake

Beschreibung

Mit dem Lerntempoduett haben Schülerinnen und Schüler die Möglichkeit, in ihrem individuellen Tempo zu arbeiten. Durch den integrierten Sozialformwechsel kann diese Methode zu einer abwechslungsreichen und entspannten Lernatmosphäre beitragen. Sie bietet sich fächerübergreifend zur kooperativen Erarbeitung neuer Lerninhalte, zur Wiederholung oder zur Vertiefung an.
In der ersten Phase des Lerntempoduetts eignet sich jeder Schüler und jede Schülerin für sich einen Text an und bearbeitet vorgegebene Arbeitsaufträge, die die Lehrkraft zu Beginn der Stunde verteilt oder digital zur Verfügung stellt. Hierbei müssen sich die Schüler/-innen bei Oncoo anmelden, dann wird der jeweilige Bearbeitungsstatus auf der Pinnwand angezeigt.
Wie der Name der Methode andeutet, wird das Tempo des Lernens von individuellen Voraussetzungen bestimmt. Das heißt, Schüler/-innen, die länger brauchen, bekommen mehr Zeit, Lernende, die schneller fertig sind, können früher in die nächste Phase kommen.
In der Pair-Phase tauschen sich die Schülerinnen und Schüler in den Lernteams über ihre Ergebnisse aus und erarbeiten gemeinsam eine Präsentation. Ist ein Schüler bzw. eine Schülerin mit den Aufgaben fertig, gibt er bzw.

sie dies bei Oncoo an und der Status auf der Pinnwand verändert sich. Hat zu diesem Zeitpunkt niemand anderes die Aufgabe erledigt, wird diese/-r unter wartende Lernende kategorisiert. Sollte schon jemand warten, werden diese beiden einander automatisch zugeteilt. Diese Zuordnung hat gegenüber nicht-digitalen Alternativen einige Vorteile: Es arbeiten in der Regel zwei Schüler/-innen zusammen, die einen ähnlichen Leistungsstand haben, da sie für die Einzelarbeit die gleiche Menge an Zeit benötigt haben. Außerdem entfällt die oft lästige Zuteilung zu Partner/-innen. Die Zuteilungen des Computers sind verbindlich. So werden Lernende mit anderen kombiniert, mit denen sie sonst nicht zusammenarbeiten würden. Das einzige Problem ist die Frage des Platzes: Da die betreffenden Schüler/-innen in der Regel nicht nebeneinandersitzen, muss für die Sitzplatzverteilung nach Lösungen für die Pair-Phase gesucht werden.
Anschließend folgt die Präsentationsphase (Share). Dabei kann Oncoo verwendet werden, wenn man zusätzlich die Funktion der Kartenabfrage aktiviert. Es wäre sicher eine sinnvolle Aufgabe für das Entwicklungsteam, weitere digitale Präsentations- und Sicherungsformate zu integrieren.

TIPPS Das komplexere Lerntempoduett bietet einige Vorteile bei der Umsetzung der Arbeitsform Think-Pair-Share. Es werden Partner/-innen automatisch nach ihrem Arbeitsfortschritt in Zweiergruppen zusammengeführt, wodurch schwierige Gruppenfindungsphasen entfallen und alle in ihrem eigenen Tempo arbeiten können. Außerdem führt diese Methode dazu, dass unterschiedliche Schülerinnen und Schüler miteinander arbeiten und nicht immer die gleichen eine Gruppe bilden.

VARIANTEN Auch Teamshake ermöglicht eine Zuteilung zu Arbeitsgruppen, allerdings wird diese über einen Zufallsgenerator vorgenommen. Schüler/-innenspezifische Merkmale (Geschlecht, Leistungsstärke) lassen sich über die Voreinstellung berücksichtigen.

Ein Placemat erstellen

Ziele/Kompetenzen

Die Schüler/-innen können …

- aus einzelnen Beiträgen ein gemeinsames Lernprodukt erstellen.
- Kenntnis von Ergebnissen der Einzelarbeit anderer Gruppenmitglieder nehmen und diese kommentieren und verbessern.
- in der Gruppe einzelne Beiträge erläutern und zu einem Ergebnis zusammenfassen.

Fach/Klasse

Für alle Fächer und Jahrgangsstufen geeignet

Einsatzmöglichkeiten

- Digitales Placemat
- Think-Pair-Share-Phasen über eine App steuern

Verwendungshinweise

Da bei diesem Bestandteil des browserbasierten Tools „Oncoo" größere Textabschnitte grafisch dargestellt werden müssen, werden Tablets, Laptops oder PCs benötigt. Auf dem Smartphone ist es nicht darstellbar.

Vorbereitung

- Entsprechende digitale Endgeräte (Tablets, Laptops, PCs) müssen vorhanden, aufgeladen und auf Updates geprüft sein.
- Eine Internetverbindung (WLAN) ist notwendig.
- Die Anmeldung mit dem Vornamen muss abgeschlossen sein.

Sozialformen	Ähnliche Apps
Think-Pair-Share Arbeitsteilige Gruppenarbeit	Padlet eduPad

Beschreibung

Die aus der Civic Education stammende Methode „Placemat" ist eine weitere Think-Pair-Share-Methode, die sich mit Oncoo realisieren lässt. Placemat bedeutet so viel wie Platzdecke, und der Begriff bezieht sich auf die Form der Erarbeitung. Analog funktioniert die Methode folgendermaßen: Jede Gruppe erhält einen Bogen Papier, auf dem alle Lernenden zuerst das Ergebnis ihrer Einzelarbeit notieren. Die Schüler/-innen sitzen so, dass alle gleichzeitig etwas auf dem Bogen eintragen können. Anschließend wird der Bogen immer so gedreht, dass am Ende alle die Ergebnisse der anderen Gruppenmitglieder gelesen haben. Anschließend werden die Ergebnisse in der Mitte des Papierbogens in einem Gruppenfeld zusammengeführt, das auch als Präsentationsgrafik dient.
Oncoo orientiert sich bei seiner Umsetzung stark an der Ursprungsmethode, nutzt aber das digitale Format so, dass viele Arbeitsschritte vereinfacht und

transparenter werden.
Nach den Vorbereitungen müssen sich Schüler/-innen anmelden und werden automatisch einer Gruppe zugeteilt. Der Vorteil liegt auch hier darin, dass die Gruppen zufällig entstehen und dadurch Pärchenbildung und Sitzordnung keine Rolle spielen. Wie beim Lerntempoduett geht der Gruppenarbeitsphase (Pair) eine Einzelarbeitsphase voraus. Diese kann auch in Paararbeit oder Kleingruppen erfolgen. Hierbei wird der große Papierbogen durch ein Eingabefeld ersetzt, in dem jeder Schüler und jede Schülerin das individuelle Ergebnis einträgt. Über dem Eingabefeld wird individuell angezeigt, wie viel Zeit noch zur Verfügung steht. Die Lehrkraft kann auf der Übersicht sehen, wer sich noch in dieser Phase befindet und wer schon sein Ergebnis abgeschickt hat. Haben alle Mitglieder einer Gruppe die Einzelarbeit beendet, werden die Ergebnisse den anderen Gruppenmitgliedern sichtbar gemacht. Nun muss entschieden werden, welche Bestandteile in das Gruppenfeld eingetragen werden. Der Vorteil von Oncoo ist hierbei, dass die Schülerinnen und Schüler nicht alles nochmal abschreiben müssen, sondern mit Copy-and-Paste arbeiten können. Ein Nachteil ist die fehlende Kommunikationsmöglichkeit an dieser Stelle. In einem digitalen Unterricht können sich Lernenden nur per Messenger-Apps darüber austauschen, welche Beiträge sie in die Gruppenlösung übernehmen wollen. Sicherlich ist dies auch mit externem Messenger möglich, allerdings wäre ein eigener Messenger für Oncoo an dieser Stelle sinnvoll.
Gegenüber dem Lerntempoduett hat das Placemat den Vorteil, dass auch die Ergebnissicherung und Präsentation mit Oncoo erstellt werden kann. Auf der linken Leiste mit den Briefumschlägen kann die Lehrkraft die Ergebnisse der einzelnen Gruppen ansehen. Außerdem besteht über das Diskettensymbol die Möglichkeit, alle Ergebnisse zu speichern. Anschließend können diese zum Beispiel für eine Microsoft PowerPoint-Präsentation oder ein Handout verwendet werden. Allerdings fehlt für eine Präsentation direkt über Oncoo ein entsprechendes Präsentationsmodul.

TIPPS

- Die Placemat-Methode fordert von jedem Schüler und jeder Schülerin Mitarbeit ein, die sich im Gruppenergebnis widerspiegelt.
- Die zufallsgesteuerte Gruppenaufteilung bietet einige Vorteile und ist auch im digitalen Unterricht eine gute Möglichkeit, um zeitintensive Gruppenbildungen zu vermeiden.

- Durch die verschiedenfarbigen und alphabetischen Gruppenzuordnungen lassen sich mit Placemat auch noch weitere Methoden, wie z. B. ein Gruppenpuzzle, leicht realisieren.
- Die einfache Zusammenführung der Einzelergebnisse mit Copy-and-Paste ermöglicht eine weniger zeitintensive Alternative zu der nicht-digitalen Pair-Phase.

VARIANTE

- Mit edupPad lassen sich ebenfalls Placemats erstellen, allerdings wird die Strukturierung der jeweiligen Arbeitsphasen nicht durch das Programm vorgegeben. Allerdings ist bei eduPad ein Messenger integriert, was die Nutzung beim Distanzunterricht erleichtert

2.1.6 Arbeitsergebnisse vernetzen mit Trello

Ziele/Kompetenzen

Die Schüler/-innen können …

- Ergebnisse einer Gruppenarbeit übersichtlich in digitaler Form darstellen.
- ihre Ergebnisse im Zusammenhang mit den Ergebnissen andere Gruppen betrachten und vernetzen.
- ihre Ergebnisse digital für eine spätere Wiederholung sichern.
- andere Medien, wie Foto-, Audio- oder Videoformate, mit in ein Board einfließen lassen.

Fach/Klasse

Für alle Fächer und Jahrgangsstufen geeignet

Einsatzmöglichkeiten

Festhalten von Ergebnissen einer Gruppenarbeitsphase

Verwendungshinweise

Trello ist eine browserbasierte Anwendung, die mit allen digitalen Endgeräten genutzt werden kann. Ergebnisse können dann über eine digitale Präsentationsform (Beamer, interaktive Tafel, Smart-TV) der gesamten Lerngruppe präsentiert werden. Die Grundfunktionen von Trello sind kostenlos nutzbar, Erweiterungen kosten extra.

Vorbereitung

- Entsprechende digitale Endgeräte (Smartphones, Tablets, Laptops, PCs) müssen vorhanden, aufgeladen und auf Updates geprüft sein.

- Eine Internetverbindung (WLAN) ist notwendig.
- Die Registrierung muss abgeschlossen sein.

Sozialformen	Ähnliche Apps
Paararbeit Arbeitsteilige Gruppenarbeit Think-Pair-Share Schreibgespräch Lerntandem Gruppenpuzzle	Padlet Taskcards Conceptboard Cryptpad.fr

Beschreibung

Trello ist ein visuelles Tool für die Zusammenarbeit, das von Lehrkräften weltweit für die einfache Kurs- und Unterrichtsplanung, die Zusammenarbeit mit Kolleginnen und Kollegen und die Organisation des Unterrichts genutzt wird. Es ist stellt Vorgänge in sogenannten Boards dar. Die drei Grundbausteine der Anwendung sind Boards, Listen und Karten, die einer digitalen Version von Post-it-Notes entsprechen. Dabei ist ein Board das übergeordnete Element – vergleichbar mit einer Pinnwand für einen Themenkomplex. Ein Board besteht aus Listen, die wiederum mit beliebig vielen Karten gefüllt werden können. Die Karten kann man auf den Listen beliebig hin und her schieben. Die einzelnen Listen lassen sich beispielsweise nach unterschiedlichen Stadien eines Projektes kategorisieren. In die Karten kann man bei Bedarf Dateien, Bilder und Aufgaben einbinden. Mit der Drag-and-drop-Funktion lassen sich Anhänge, Dokumente und Dateien aus Dropbox, Google Drive, Microsoft OneDrive und anderen Quellen hinzuzufügen. Trello-Boards lässt durch Power-Ups, wie Kalender, Card Repeater und benutzer/-innendefinierte Felder, erweitern. Mit der Funktion Butler kann man Routineaufgaben automatisieren.

TIPPS

- Das Tool eignet sich besonders gut für Langzeitprojekte.
- Bei Gruppenarbeit lassen sich die einzelnen Vorgänge unter „To Do", „im Gange" und „fertig" ablegen. Gruppen und Lehrkräfte können somit den Fortschritt des jeweiligen Projekts nachvollziehen und Zwischenergebnisse lassen sich auf diese Weise ablegen

VARIANTEN

Auch mit Padlet lassen sich digitale Post-its erstellen. Allerdings muss die Ordnung der Karteikarten selbst vorgenommen werden, die bei Trello für die verschiedenen Stadien eines Projektes schon vorformatiert sind.

2.2 Formen der kooperativen Erarbeitung von Lernprodukten

2.2.1 Eine digitale Schnitzeljagd spielen und gestalten mit Actionbound

Ziele/Kompetenzen

Die Schüler/-innen können …

- Aufgaben zu behandelten Lerninhalten beantworten.
- sich anhand von Aufgabenstellungen neue Lerninhalte gemeinsam erarbeiten.
- kooperativ Lerninhalte in Form einer digitalen Schnitzeljagd darstellen und abfragen.

Fach/Klasse

Für alle Fächer und Jahrgangsstufen geeignet

Einsatzmöglichkeiten

- Museumsrundgang
- Lernen an Stationen
- Stadtrallye
- Digitale Schnitzeljagd
- Abfrage von erlernten Inhalten
- Escape Room

Verwendungshinweise

Mit der App „Actionbound" lassen sich digital gesteuerte Schnitzeljagden in der Funktionsweise des Geocachings erstellen. Die Jagd wird in diesem Kontext Bound genannt und vom Lehrenden oder den Schüler/-innen selbst erstellt. Der Bound wird zu Beginn auf die Smartphones geladen. Deshalb ist bei der Durchführung kein WLAN notwendig. Mit mobilen Geräten können Schüler/-innen die jeweiligen Punkte ansteuern und vor Ort Aufgaben lösen. Die App ist für Android und iOS verfügbar. Für den privaten Bereich ist die App kostenlos, für die Verwendung in der Schule muss eine EDU-Lizenz erworben werden.

Vorbereitung
✍ Entsprechende digitale Endgeräte (Smartphones, Tablets) müssen vorhanden, aufgeladen und auf Updates geprüft sein. ✍ Die kostenfreie App muss auf den Smartphones bzw. Tablets installiert werden. ✍ Auf den Geräten muss ein QR-Scanner installiert sein. ✍ Das Bound wird über einen Browser erstellt.

Sozialformen	Ähnliche Apps
✍ Plenum ✍ Einzelarbeit ✍ Gruppenarbeit	✍ Aris ✍ LearningApps ✍ CityMaps2Go ✍ Kahoot!

Beschreibung

Actionbound ist vom Prinzip her mit Geocaching vergleichbar, bei dem an bestimmten Orten, z. B. im Wald, vergrabene Gegenstände über GPS-Daten gefunden werden müssen. Allerdings wird das Konzept um multimediale Inhalte und Interaktivität ergänzt. So können an den einzelnen Stationen des Bounds Bilder, Videos, Audiodateien, Links oder QR-Codes verwendet werden. Bei der Erstellung des Bounds werden Fragen und die dazugehörigen Lösungen erstellt. So lassen sich kooperativ Quizze, Umfragen, Aufgaben, oder Turniere durchführen. Es kann auch die Aufgabe gestellt werden, einen bestimmten Ort zu finden. Am Ende des Bounds werden die Ergebnisse der Schüler/-innen hochgeladen und mit den vorgegebenen Lösungen verglichen. Dafür ist dann wieder die Verbindung zum Internet nötig. Anschließend ist eine Sieger/-innenehrung denkbar.
So kann über den Klassenraum hinaus gelernt werden, z. B. für neue Klassen, die die Schule erkunden wollen. Sinnvoll ist der Einsatz etwa auch bei einer Stadtrallye, bei der an bestimmten Orten Aufgaben gelöst werden müssen. Ebenfalls können so bestimmte Pflanzen oder Tiere bei einem Park- oder Zoobesuch bestimmt werden. Des Weiteren ist die Nutzung im Rahmen eines Escape-Rooms denkbar: Erst nach der Lösung des Bounds darf der Raum verlassen werden.
Neben der Nutzung als Quiz-Erkundungstool können Schüler/-innen auch selbstständig Bounds erstellen. Sie können beispielsweise in Gruppen Fragen

für andere Lernende erarbeiten, um Lerninhalte abzufragen und somit anzuwenden. Bei einer Gruppenarbeit kann nach der Präsentation jeder Gruppe ein kurzes Bound erstellt werden, um zu überprüfen, ob die präsentierten Inhalte bei der Lerngruppe wirklich angekommen sind.

TIPPS

Folgende Arten von Bounds lassen sich erstellen und miteinander kombinieren:
- Information
- Quiz
- Duell
- Aufgabe
- Ort finden
- QR-Code einscannen
- Umfrage

VARIANTEN

- Aris ist eine Variante von Apple, die ähnliche Funktionen wie Actionbound bietet.
- Apps wie CityMaps2Go bieten Kartenmaterial, das für die Geocaching genutzt werden kann, jedoch ohne Aufgaben integrieren zu können.
- Für Quizze und Spiele bietet sich auch LerningApps an, wo vorhandene Spiele genutzt oder auch eigene erstellt werden können.

2.2.2 Einen Podcast erstellen mit Audacity

Ziele/Kompetenzen

Die Schüler/-innen können …
- Ergebnisse einer Gruppenarbeit in Form eines Podcasts darstellen.
- Ablauf und Inhalt des Podcasts erarbeiten.
- die Ergebnisse aufnehmen und anschließend schneiden und bearbeiten.

Fach/Klasse

Für alle Fächer und Jahrgangsstufen geeignet

Einsatzmöglichkeiten

Festhalten von Ergebnissen einer Gruppenarbeitsphase in Form eines Podcasts

Verwendungshinweise

Audacity ist eine kostenlose App. Es lassen sich Mehrspuraufnahmen mit dem Programm erstellen und anschließend auch bearbeiten.

Vorbereitung
⛰ Entsprechende digitale Endgeräte (Tablets, Laptops, PCs) müssen vorhanden, aufgeladen und auf Updates geprüft sein. ⛰ Eine Internetverbindung (WLAN) ist notwendig. ⛰ Der Download und die Registrierung müssen durchgeführt werden. ⛰ Es müssen Mikrofone, Kopfhörer und gegebenenfalls Boxen vorhanden sein. In den Computer integrierte Mikros und Boxen reichen auch aus. ⛰ Der Ablauf des Podcasts muss den Schüler/-innen vorgegeben werden (siehe Material Podcast, S. 38).

Sozialformen	Ähnliche Apps
⛰ Paararbeit ⛰ Arbeitsteilige Gruppenarbeit	⛰ GarageBand ⛰ Audio Editor Online ⛰ Adobe Audition

Beschreibung

Audacity verfügt über sämtliche Funktionen eines digitalen Tonstudios. Im Gegensatz zu dem vergleichbaren Tool GarageBand ist die Bedienung einfach und übersichtlich.
Zu Beginn muss eine Audiospur erstellt und mit einem bestimmten Audioinput versehen werden, im Fall eines Podcasts mit dem Mikrofon. Nach dem Öffnen des Programms wird sofort das Schnittfenster angezeigt, in dem man am oberen Rand eine Menüleiste sehen kann, sowie darunter einige Steuerelemente. Die Buttons für Play, Pause, Stopp, Aufnehmen etc. funktionieren wie bei einem CD-Player oder einer Musik-App. Darunter befinden sich die Einstellungs-Menüs für die Audiogeräte. Diese Einstellungen sind wichtig, denn mit ihnen wird festgelegt, mit welchem Mikrofon Audacity aufnehmen soll und über welche Lautsprecher oder Kopfhörer es den bearbeiteten Sound abspielen soll. Daher sollte man sich am Anfang mit diesen Einstellungen beschäftigen, bevor man mit der Aufnahme eines Podcasts beginnt. Links kann man den Sound-Treiber auswählen. Auf Windows-Computern ist dabei der WASAPI-Treiber zu bevorzugen.
Eine häufige Fehlerquelle ist, ein falsches Mikrofon auszuwählen, was zu einem ungewöhnlich schlechten oder sehr leisen Sound führt. Dann ist sehr oft das interne Mikrofon des Computers ausgewählt, anstatt des extern

Angeschlossenen. Am besten verwendet man für einen Podcasts ein USB-Mikrofon – dieses taucht mit eigenem Namen in der Dropdown-Liste auf und ist daher für Anfänger/-innen sehr einfach einzurichten. Bei vielen USB-Mikrofonen kann man auch Kopfhörer anschließen – in diesem Fall muss man das Mikrofon auch als Wiedergabegerät einstellen, um darüber den wiedergegebenen Sound von einem Computer zu hören. Sobald man auf den Aufnahme-Button klickt, wird von Audacity automatisch eine neue Spur erzeugt, in der eine Aufnahme aufgezeichnet wird. Wenn man zur Aufnahme eines Interviews einen mobilen Recorder mit SD-Karte verwendet, kann man die Aufnahme ganz einfach von der SD-Karte auf einen Computer kopieren und per Drag-and-drop in das Schnittfenster von Audacity ziehen. Dabei wird auch automatisch eine neue Spur für die Aufnahme angelegt.
Nachdem die Schüler/-innen einen Podcast mit Audacity aufgenommen oder eine Aufnahme von einem mobilen Recorder in Audacity geladen haben, sehen sie die grafische Wellenform in blau. Eine besonders hohe Spitze signalisiert dabei einen besonders lauten Teil in deiner Aufnahme. Es sollte nie dazu kommen, dass die Spitzen der Wellenform ganz das obere Ende der Tonspur erreichen, denn dann wird eine Aufnahme verzerrt klingen. Viele Mikrofone liefern aber auch nur ein sehr leises Signal und manche Interviewpartner/-innen haben auch von Natur aus eine eher zarte Stimme. Dann kann man die Aufnahme ganz einfach mit Audacity verstärken. Man markiert entweder eine ganze Spur, indem man einen Doppelklick auf diese ausführt, oder markiert nur einen bestimmten Teil der Aufnahme, indem man an deren Beginn klickt, die Maustaste gedrückt hält und über den Bereich hinwegzieht, den man markieren möchte.
Manchmal passiert es, dass man im Interview eine Frage noch einmal neu ansetzen muss oder dass sich Interviewpartner/-innen versprechen und man einen bestimmten Teil aus dem Podcast herausschneiden möchte. Außerdem ist es immer am besten, die Aufnahme etwas früher zu starten, um in Ruhe die Technik einstellen zu können. Mit Audacity kann man recht leicht einen bestimmten Teil aus deiner Aufnahme herausschneiden. Dazu markiert man einfach den gewünschten Teil der Tonspur – ähnlich wie bei der Anwendung des Effekts „Verstärken", nur mit dem Unterschied, dass man hier den markierten Teil der Aufnahme nicht verstärken möchte, sondern ihn mit einem Klick auf die Taste „Entfernen" auf deiner Tastatur ganz einfach herausschneidet. Wenn man mit der Bearbeitung eines Podcasts zufrieden ist, kann man die Aufnahme als WAV oder MP3 exportieren. Wenn man das

Projekt später noch einmal bearbeiten möchte, sollte man die Audacity-Projekt-Datei über „Datei/Projekt speichern" abspeichern. Zum Export des gesamten Podcasts wählt man einfach Im Menü „Datei" den Punkt „Exportieren" und klickt den gewünschten Dateityp an. WAV-Dateien bieten eine sehr hohe Tonqualität, verbrauchen aber viel Speicherplatz. MP3-Dateien verbrauchen weniger Speicherplatz, können aber je nach gewählter Bitrate einen sehr schlechten Sound haben. Als Kompromiss eignet sich eine MP3-Datei mit 320 kbit/s. Diese Dateien werden auch von fast allen Podcast-Hostern akzeptiert. Man kann die Bitrate im Export-Dialog einstellen.

TIPPS

- Es ist wichtig, keine inoffizielle Seite für den Download des Programms zu verwenden, weil sie beim Download zusätzliche Werbeprogramme installieren können.
- Bei der Veröffentlichung eines Podcasts muss die schriftliche Erlaubnis des Schülers bzw. der Schülerin und der Erziehungsberechtigten eingeholt werden.
- Eine möglichst genau Vorgabe für den Ablauf des Podcasts durch die Lehrkraft ist gerade bei jüngeren Lerngruppen notwendig, da die Gefahr besteht, dass sie den Überblick verlieren.
- Ein Podcast eignet sich auch als Beitrag für unterschiedliche Schulwettbewerbe oder für die Schulhomepage.

VARIANTEN

Bei GarageBand handelt es sich um ein komplexeres Tonstudio, das für die Mehrspuraufnahme von Musik ausgerichtet ist. Es stehen professionelle Instrumente und Effekte zu Verfügung. Auch dieses Programm ist kostenlos, allerdings ist die Bedienung komplizierter als bei Audacity.

Material Podcast: Vorlage „Aufbau eines Interview-Podcasts"

Elemente	Vorbereitete Inhalte: Songs, Trailer, Fragen usw.	Dauer
Intro		
Anmoderation/Begrüßung		
Inhalt der Folge (Fragen, Einspieler, Musik usw.)		

Outro		
Call-to-Action (Handlungsaufforderung)		
Teaser für die nächste Folge		

2.2.3 Einen kooperativen Blog oder eine Website erstellen mit Weebly

Ziele/Kompetenzen

Die Schüler/-innen können …

- Ergebnisse einer Gruppenarbeit übersichtlich in digitaler Form darstellen.
- Blogs, Webseiten oder Portfolios erstellen.
- grafische Gestaltungen bei der Erstellung vornehmen.
- sukzessive erarbeitete Inhalte in das entsprechende Format einfügen.

Fach/Klasse

Für alle Fächer und Jahrgangsstufen geeignet

Einsatzmöglichkeiten

Festhalten von Ergebnissen einer Gruppenarbeitsphase

Verwendungshinweise

Weebly lässt sich kostenfrei nutzen. Nach einer Registrierung mit einer E-Mail-Adresse sind die kostenfreien Bereiche der App nutzbar, die für den Unterrichtseinsatz ausreichend sind. Projektarbeiten lassen sich so attraktiv online präsentieren. Weebly ist auch für den Einsatz im Distanzunterricht geeignet. Kostenpflichtig ist eine größere Auswahl an Vorlagen, die sich allerdings eher für geschäftliche Präsentationen eignen

Vorbereitung

- Entsprechende digitale Endgeräte (Tablets, Laptops, PCs) müssen vorhanden, aufgeladen und auf Updates geprüft sein.
- Eine Internetverbindung (WLAN) ist notwendig.

- Bei Weebly muss eine Registrierung und Anmeldung über eine E-Mail-Adresse erfolgen.

Sozialformen	Ähnliche Apps
Paararbeit	Wix
Arbeitsteilige Gruppenarbeit	Adobe Spark
Think-Pair-Share	Yola
Schreibgespräch	Strato
Lerntandem	Sway
Gruppenpuzzle	

Beschreibung

Weebly bietet auch für die professionelle Nutzung die Möglichkeit, kostenlos Webseiten und Blogs zu erstellen. Nach der Registrierung und Anmeldung werden verschiedene Designs für die Website oder den Blog angeboten. Hier sind noch die weiteren Auswahlmöglichkeiten Business, Portfolio, Personal, Events, Blog oder in Kürze verfügbar. Die Gestaltung der Vorlagen ist detailreich und unterscheidet sich nicht von professionellen Websites oder Blogs. Durch den Klick auf „Mit der Bearbeitung beginnen" wird eine Domain festgelegt. Subdomains von Weebly sind kostenfrei. Anschließend wird angezeigt, ob die gewünschte Domain noch ist. Es lassen sich in die Vorlagen Texte, Bilder und Medien einfügen, die bearbeitet werden können. Es steht eine Menüleiste zur Verfügung, über die Einstellungen der Seite und das Layout geändert werden können. Durch das blaue Bedienfeld „Veröffentlichen" wird die Seite online gestellt.

TIPPS

- Eine Veröffentlichung muss im Einzelfall abgewogen werden – Webseiten können auch ohne Veröffentlichungen angezeigt werden oder in einem Intranet angelegt werden.
- Die Möglichkeit einer wirklichen Veröffentlichung kann auf die Schüler/-innen motivierend wirken.
- Bei der Veröffentlichung des Blogs bzw. der Internetseite im Internet muss die schriftliche Erlaubnis des Schülers bzw. der Schülerin und der Erziehungsberechtigten eingeholt werden.
- Eine möglichst genau Vorgabe für den Aufbau der Website durch die Lehrkraft ist gerade bei jüngeren Lerngruppen notwendig, da die Gefahr besteht, dass sie den Überblick verlieren.
- Eine Website oder ein Blog eignet sich auch als Beitrag für unterschiedliche Schulwettbewerbe oder als Unterseite für die Schulhomepage.

VARIANTEN

- Blogs können als Lesetagebücher verwendet werden.
- Die Biografie und das Werk eines Autors/einer Autorin, eines Wissenschaftlers/einer Wissenschaftlerin, eines Künstlers/einer Künstlerin oder eines Musikers/einer Musikerin kann auf den Webseiten erstellt werden.
- Komplexe Lerninhalte können übersichtlich und strukturiert dargestellt werden.
- Auch Ergebnisse eines Planspiels, eines längeren Projektes oder eines Experiments lassen sich so visualisieren.

Material: Vorlage „Aufbau einer Webseite"

Bereich der Website	Datei oder Link
Header	
Navigation	
Content	
Footer	

2.2.4 E-Books erstellen mit Creative Book Builder

Ziele/Kompetenzen

Die Schüler/-innen können …

- kooperativ E-Books erstellen.
- zu Texten Videos, Links, Musik hinzufügen.
- erlerntes Wissen in einem E-Book darstellen.
- Handlungen aus einer Geschichte in einem eigenen E-Book umsetzen (z. B. ein Märchen).

Fach/Klasse

Für alle Fächer und Jahrgangsstufen geeignet

Einsatzmöglichkeiten
✍ Festhalten von Ergebnissen einer Gruppenarbeitsphase ✍ Zusammenstellen von Unterrichtsinhalten in E-Books (z. B. Lesetagebücher, kreatives Schreiben, Blogs, Videos) ✍ Ergebnissicherung von Unterrichtsinhalten zum Abschluss einer Sequenz oder Reihe ✍ Kreative Gestaltung im Kunst-, Literatur oder Musikunterricht
Verwendungshinweise
Der Creative Book Builder (CBB) ist ein kostenpflichtiges Tool, um E-Books zu erstellen. Es lässt sich auch auf Smartphones anwenden und ist im Playstore (Android) und bei iTunes bzw. im App Store für Apple-Produkte erhältlich. Es kann ein vorgefertigtes Dokument in den CBB importiert und mit zusätzlichen Links, Videos oder Musik versehen werden. Anschließend wird es in ein Buchformat formatiert.
Vorbereitung
✍ Entsprechende digitale Endgeräte (Smartphones, Tablets, Laptops, PCs) müssen vorhanden, aufgeladen und auf Updates geprüft werden. ✍ Die Schüler/-innen müssen in die Bedienung von CBB eingeführt werden. ✍ Das Programm ist kostenpflichtig, es gibt bestimmte Angebote für Schulklassen.

Sozialformen	**Ähnliche Apps**
✍ Paararbeit ✍ Arbeitsteilige Gruppenarbeit ✍ Think-Pair-Share	✍ Book Creator ✍ Minibooks ✍ eduPad ✍ Sigli

Beschreibung

Mithilfe von CBB lassen sich Bücher im sogenannten epub-Format erstellen, das für iPads in iBooks importiert und per E-Mail geteilt werden kann. Das Programm ist wie ein Textverarbeitungsprogramm aufgebaut und lässt sich

intuitiv bedienen. So können kooperativ erarbeitete Ergebnisse mit dem Publishing-Tool für das projektorientierte Arbeiten verwendet werden. In die Texte lassen sich Bilder, Audiodateien und Videodateien einbetten. Im epub-Format bleiben diese erhalten. Zusätzlich ist aber auch die Erstellung als PDF-Datei möglich. Die Ergebnisse können per Dropbox, Google Drive, Microsoft OneDrive oder FTP-Server hochgeladen und geteilt werden. Im Rahmen der Bearbeitungsfunktion können Titel, Inhaltsverzeichnis, Seitenumbrüche, interne Links, Kapitelanordnungen, Titelbild und Buchinformationen erstellt werden. So lassen sich z. B. im Deutschunterricht Gedichte, Märchen, Lesetagebücher oder Kurzgeschichten der Schüler/-innen als Buch formatieren. In naturwissenschaftlichen Fächern lassen sich Anleitungen für Experimente oder Aspekte der unterschiedlichen Unterpunkte einer Kurvendiskussion übersichtlich darstellen.
Die Lernaufgabe muss für die Nutzung von CBB so strukturiert werden, dass sie den Schüler/-innen klare Vorgaben gibt, an die sich bei der Erstellung des E-Books halten können. E-Books können zum Beispiel bei dem Tag der Offenen Tür oder bei Wettbewerben präsentiert werden. Sie sind natürlich auch als Geschenk für die Eltern oder Großeltern denkbar.

TIPPS

- E-Books lassen sich auch mit Smartphones erstellen.
- CBB lässt sich auch im Distanzunterricht einsetzen.
- Veröffentlichungen von Schüler/-innen müssen durch diese und ihre Erziehungsberechtigten genehmigt werden.
- Das Tool ist besonders für iPads geeignet.

VARIANTEN

Auch mit dem Programm „Book Creator“ lassen sich im Unterricht Bücher erstellen. Es bietet noch mehr Auswahl im Bereich Layout. Es werden auch viele Grafiken zur Auswahl angeboten.

Material: Vorlage „Buchkonzept erstellen“

Aufbau eines Buches	Dateien
Umschlag	
Titelseite	
Impressum	

Widmung	
Inhaltsverzeichnis	
Inhalt in Kapiteln	
Bonusmaterial	
Danksagung	
Autor/-inneninfos	

2.2.5 Gemeinsam einen Film drehen mit iMovie

Ziele/Kompetenzen

Die Schüler/-innen können …

- kooperativ Filmsequenzen erstellen.
- diese zu einem Film/Video schneiden.
- erlerntes Wissen in einem Film darstellen.
- Handlungen von Geschichten oder Abläufe von naturwissenschaftlichen Experimenten wiedergeben und erläutern.

Fach/Klasse

Für alle Fächer und Jahrgangsstufen geeignet

Einsatzmöglichkeiten

- Festhalten von Ergebnissen einer Gruppenarbeitsphase
- Ergebnissicherung von Unterrichtsinhalten zum Abschluss einer Sequenz oder Reihe
- Komplizierte Vorgänge vereinfacht darstellen, z. B. Erklärvideo
- Kreative Gestaltung im Kunst-, Literatur- oder Musikunterricht

Verwendungshinweise

Das Programm iMovie ist den meisten Schüler/-innen mit Apple-Geräten bekannt. Es ist nur für iOS-Geräte verfügbar. Es lassen sich damit Videos bearbeiten oder mehrere Videos zu einem zusammenschneiden. Für Windows und Android sind ähnliche kostenlose Apps verfügbar (siehe „Ähnliche Apps“).

Vorbereitung

- Entsprechende digitale Endgeräte von Apple (iPhones, iPads, MacBooks, iMacs) müssen vorhanden, aufgeladen und auf Updates hin überprüft sein.
- Die Schüler/-innen müssen in die Bedienung von iMovie eingeführt werden.
- Es muss ein Storyboard entwickelt werden (Vorlage: nächste Seite)

Sozialformen	Ähnliche Apps
Paararbeit Arbeitsteilige Gruppenarbeit Think-Pair-Share	VSDC Free Video Editor OpenShot Olive WeVideo

Beschreibung

Durch verschiedene Aufgaben während einer Filmproduktion ist iMovie für das kooperative Lernen bestens geeignet. So können für die Durchführung verschiedene Rollen (Schauspieler/-innen, Regie, Schnitt, Ton, Bearbeitung usw.) vergeben werden, die an einem gemeinsamen Produkt arbeiten. So ist auch der Einsatz von iMovie im Distanzunterricht im Rahmen einer Projektarbeit möglich. Videos können im Reiter „Projekte“ organisiert und gespeichert werden.
Es können Videos hochgeladen oder direkt mit dem iPad bzw. iPhone gedreht werden. Diese werden in iMovie geschnitten, bearbeitet und mit Effekten versehen. Es lassen sich zu den Videos eigene Tonspuren anlegen, die entweder selbst aufgenommen oder mit externer Musik (beachten Sie hier unbedingt die Urheberechte) unterlegt werden. Ebenfalls sind hier Bearbeitungen mit Soundeffekten möglich. Gerade im Bereich des kreativen Arbeitens bietet sich iMovie besonders an, da es über viele Gestaltungs-

möglichkeiten verfügt. Deshalb sind auch ein genauer Arbeitsauftrag und eine geplante Vorgehensweise vonseiten der Lehrkraft nötig, um gerade bei jüngeren Lerngruppen Strukturen der jeweiligen Vorgehensweise vorzugeben.

TIPPS

- Das Tool ist häufig schon auf iPads vorinstalliert.
- Es lässt sich auch im Distanzunterricht im Rahmen von Projektarbeit einsetzen
- Die integrierte Kamera und das integrierte Mikrofon des iPads reichen für die meisten Produktionen aus, können aber durch professionelleres, externes Equipment ersetzt werden.
- Viele Schüler/-innen haben schon selbst viel Erfahrung im Erstellen und Bearbeiten von Videos, z. B. durch die App „TikTok", gesammelt

VARIANTEN

- Es gibt viele kostenlose Varianten für die Nutzung mit Microsoft und Android.
- Auch die Erstellung eines Videos/Films per Smartphone ist möglich, dort gibt es ebenfalls viele kostenlose Apps (TikTok, Dubsmash, Unsplash, Triller, Funimate, Chingari), deren Bedienung gerade jüngeren Schüler/-innen meist schon vertraut ist. Hierbei sind die Altersvorgaben der jeweiligen App zu beachten.

Material: Vorlage „Skript für ein Video"

Szene/Kapitel	Datei	Aktion	Zeit	Format	Bemerkung
Name der Szene oder des Kapitels	Name der Datei	Einblenden, Ausblenden usw.	Dauer oder von __ bis __	Audio, Video, Grafik	Sinnvolle Bemerkung

2.2.6 Stop-Motion-Videos erstellen mit dem Lego Movie Maker

Ziele/Kompetenzen

Die Schüler/-innen können …

- kooperativ Stop-Motion-Videos mit Legofiguren erstellen.
- kooperativ Filmsequenzen erstellen.
- Filmsequenzen zu einem Film bzw. Video schneiden.
- erlerntes Wissen in einem Film darstellen.
- Handlungen aus einem Buch oder naturwissenschaftliche Experimente in Form eines Videos wiedergeben und erläutern.

Fach/Klasse

Für alle Fächer und Jahrgangsstufen geeignet

Einsatzmöglichkeiten

- Veranschaulichung von Prozessen oder Dialogen
- Festhalten von Ergebnissen einer Gruppenarbeitsphase
- Ergebnissicherung von Unterrichtsinhalten zum Abschluss einer Sequenz oder Reihe
- Komplexe Vorgänge durch ein Video vereinfacht darstellen, z. B. durch ein Erklärvideo
- Kreative Gestaltung im Kunst-, Literatur oder Musikunterricht

Verwendungshinweise

Die kostenlose Lego Movie Maker-App eignet sich zum Erstellen von Stop-Motion-Videos. Durch diese Videos können Prozesse gezeigt werden, z. B. im Chemie-, Biologie-, Physik- oder Geschichtsunterricht. Außerdem eignet sich die App zur Darstellung von Theaterstücken, Romanen oder Erzählungen.

Vorbereitung

- Lego-Figuren müssen in ausreichender Zahl zur Verfügung stehen.
- Mobile Endgeräte (Smartphones, Tablets) müssen vorhanden, aufgeladen und auf Updates geprüft sein.
- Um gleichbleibende Perspektiven zu ermöglichen, werden Stative gebraucht.

- Die App muss über den entsprechenden Store heruntergeladen oder auf aktuelle Updates geprüft werden.
- Es muss anschließend ein Account per E-Mail-Registrierung erstellt werden
- Die Schüler/-innen müssen mit der Bedienung des Lego Movie Makers vertraut sein.
- Ein Storybord muss vor Beginn des Drehs erstellt werden
- Lehrkräfte müssen die Vorgehensweise der Schüler/-innen im Vorfeld genau zeitlich planen und entsprechende Arbeitsaufträge erstellen.

Sozialformen	**Ähnliche Apps**
Paararbeit Arbeitsteilige Gruppenarbeit Think-Pair-Share	Stop Motion Studio Wondershare Filmora

Beschreibung

Lego Movie Maker ist eine App, mit deren Hilfe man aus einzelnen Fotos ein Stop-Motion-Video erstellen und dieses mit Effekten versehen kann. Nach Entwicklung des Storyboards müssen die Schüler/-innen ein passendes Titelbild wählen und beschriften. Jede Szene wird mit einem Foto aufgenommen, anschließend wird die Legofigur leicht bewegt und ein neues Foto gemacht. Die Bilder sehen anschließend aneinandergereiht und nacheinander abgespielt aus wie ein normaler Film. Man kann sich das so vorstellen wie ein Daumenkino, nur eben digital und mit Fotos. Dieser Vorgang wird so lange wiederholt, bis ein kompletter Handlungsablauf abgeschlossen ist. Zusätzlich lässt sich bei der Bearbeitung auf fünf Soundtracks, verschiedene Kamerafilter und weitere Special-Effects zugreifen.
Dank guter Schnittmöglichkeiten lassen sich auch zwischendrin zusätzliche Frames (Rahmen) einfügen, lediglich das Verschieben von Aufnahmen ist nicht möglich. Wenn der Film fertig ist, kann man ihn per Klick auf YouTube hochladen Der Kreativität bei der Bearbeitung sind kaum Grenzen gesetzt.

TIPPS

- Ein farbiges Bild oder eine einfarbige Fläche als Hintergrund verwenden
- Nur im Querformat filmen
- Für den Aufbau der Sets und das Drehen der Videos ausreichend Zeit und am besten noch einen Puffer einplanen

- Belichtung beachten (Schatten, Gegenlicht, gleichmäßige Ausleuchtung) – eventuell Scheinwerfer für gleichbleibende Lichtverhältnisse verwenden
- Je mehr Fotos gemacht werden und je geringer die Bewegungen der Objekte sind, desto flüssiger wird nachher das Video aussehen.
- Alternativ kann man auch eine Digitalkamera verwenden und danach mit dem Movie Maker das Video erstellen.

VARIANTEN

- Auch die App „Stop Motion Studio" ist für das Erstellen von Stop-Motion-Videos geeignet. Es bietet mehr Effekte und ist somit deutlich komplexer als der Lego Movie Maker. Außerdem ist hier auch eine Gesichtsanimation von Figuren möglich.

2.2.7 Eine Reise unternehmen in Augmented Reality mit Quiver

Ziele/Kompetenzen

Die Schüler/-innen können …

- dreidimensionale Strukturen mithilfe von Augmented Reality erfassen.
- gemeinsam virtuelle Touren durch Landschaften oder das Weltall unternehmen.
- 3D-Strukturen selbstständig gestalten.

Fach/Klasse

Für alle Fächer und Jahrgangsstufen geeignet

Einsatzmöglichkeiten

- Geografische oder anatomische Karten im 3D-Format einsehen, visualisieren und dreidimensional verstehen
- Elemente der analytischen Geometrie im dreidimensionalen Raum darstellen
- Im Kunstunterricht Bilder, Skulpturen oder Bauwerke dreidimensional darstellen und bearbeiten

Verwendungshinweise

Die App muss über den Playstore (Android) oder den App Store (iOS) installiert werden. Die Nutzung ist kostenlos, allerdings muss für bestimmte Vorlagen bezahlt werden. Die App ist ausschließlich auf Englisch verfügbar. Im Vorfeld muss von der Lehrkraft eine entsprechende Vorlage ausgewählt oder erstellt werden. Oft sind diese schon im Format eines Arbeitsblattes verfügbar.

Vorbereitung
✍ Entsprechende mobile Endgeräte (Smartphones, Tablets) müssen über eine Kamera verfügen, aufgeladen und auf Updates geprüft sein. ✍ Es müssen Malvorlagen über die Seite oder andere Quellen erstellt werden. ✍ Eine Internetverbindung (WLAN) ist notwendig.

Sozialformen	Ähnliche Apps
✍ Paararbeit	✍ Curiscope Virtuali-Tee
✍ Arbeitsteilige Gruppenarbeit	✍ Expeditions
✍ Think-Pair-Share	✍ SolAR (iOS)

Beschreibung

Quiver beruht auf dem Prinzip „Augmented Reality“ (AR), was so viel wie erweiterte Realität bedeutet. Die virtuelle Realität ist eine vom Computer generierte Realität, die durch die Lehrkraft so erschaffen werden kann, dass die Inhalte exakt den pädagogischen Anforderungen entsprechen. Bekannt wurde diese Technik durch das Spiel „Pokémon Go“. Durch das Filmen mit der Smartphone-Kamera erscheinen Figuren und Gegenstände vor dem echten, abgefilmten Hintergrund. Bei Quiver werden z. B. Figuren zum Leben erweckt, die man vorher auf einem Blatt Papier ausgemalt hat, dass zu Beginn der Stunde bereitgestellt wird

Einfache bis hin zu aufwendig animierte 3D-Modelle können entweder mit einem Tracker (z. B. DIN-A3-Blatt) oder frei im Raum positionierbar bereitgestellt werden. Das Erstellen eines 3D-Modells ist mit einem enormen Aufwand verbunden, weshalb es sich lohnt, auf vorgefertigte Vorlagen zurückzugreifen, die größtenteils kostenlos verfügbar sind. Es lassen sich mit Quiver Objekte im Klassenraum abbilden, so z. B. ein Löwe, der im Biologieunterricht durch die Klasse streift. Die 3D-Darstellungen lassen sich ebenfalls in ein Arbeitsblatt integrieren, die dann über einen QR-Code abrufbar sind. Kooperativ lässt sich das Tool einsetzen, indem etwa gemeinsame Erkundungen von Räumen, Landschaften, Karten oder sogar des Weltraums unternommen werden.

TIPPS

Folgende Themen sind für den Einsatz von AR im Unterricht denkbar:

- Überlagerung von (grafischen) Lösungen auf ein Arbeitsblatt, z. B. in Mathe Analysis
- Aralkum – Vom See zur Wüste
- Erde bei Nacht – Lichtverschmutzung in Europa
- Im Auge des Sturms – Zyklone statt Pokémons
- App: Columbus Eye, jeweils mit Arbeitsblättern (Physik/Geographie)
- Von der Erde zum Mond und zurück
- Gravitation im Erde-Mond-System

3.1 Kommentieren, üben, wiederholen mit Mentimeter

Ziele/Kompetenzen

Die Schülerinnen und Schüler können …

- Kommentare und Fragen zu kooperativen Arbeitsergebnissen formulieren.
- an einer Umfrage teilnehmen.
- an einem Quiz teilnehmen.
- gemeinsam eine Schlagwortwolke erstellen.

Fach/Klasse

Für alle Fächer und Jahrgangsstufen geeignet

Einsatzmöglichkeiten

- Umfragen durchführen
- Kommentare erstellen
- Schlagwortwolken erstellen

Verwendungshinweise

Mit dem kostenlosen Tool können Umfragen durchgeführt, aber auch Wissensstände abgefragt werden. Es ist auf Smartphones, Tablets und PCs einsetzbar. Eine Internetverbindung (WLAN) ist notwendig.

Vorbereitung

- Entsprechende digitale Endgeräte (Smartphones, Tablets, Laptops, PCs) müssen vorhanden, aufgeladen und auf Updates geprüft sein.
- Die Schüler/-innen brauchen zu Beginn der Anwendung den Link zur Teilnahmeseite.
- Anschließend wird ein Code erzeugt, über den die Teilnahme an der Umfrage ermöglicht wird.
- Es ist keine Registrierung nötig

Sozialformen	Ähnliche Apps
✍ Gruppenarbeit ✍ Plenum	✍ Tweedback ✍ Edkimo ✍ Socrative ✍ Oncoo ✍ Padlet

Beschreibung

Mentimeter ist ein weltweit erfolgreiches Tool mit über 20 Millionen Nutzenden, darunter auch prominente Redner/-innen und Vortragende. Es gibt insgesamt 13 unterschiedliche Formen der Abfrage, wozu unter anderem Schieberegler, Wortwolken, Quizze, Rankings, Raster oder Bilder zählen.
Bei einer Wortwolke handelt es sich um die grafische Darstellung von genannten Begriffen, die ihre Größe über die Häufigkeit der Nennung erzielen. Häufig genannte Begriffe werden demnach größer als selten genannte dargestellt. Die Wortwolke lässt sich ebenfalls gut für einen Unterrichtseinstieg verwenden. Umfragen lassen sich von einer vortragenden Gruppe erstellen und die Ergebnisse lassen sich live in den Vortrag integrieren. Außerdem können Vortragenden ihre Inhalte über ein Quiz bei der Lerngruppe abfragen.
Die Verwendung von Mentimeter ist deshalb sinnvoll, da es Schülerinnen und Schülern eine niedrigschwellige Möglichkeit bietet, sich an der Präsentationsphase von Gruppenergebnissen zu beteiligen und zu diesen ein Feedback abzugeben.

TIPPS

- ✍ Neben der kostenfreien Variante ist eine kostenpflichtige Version erhältlich, die über einige Sonderfunktionen, wie eine größere Auswahl von Präsentationsvorlagen, verfügt.
- ✍ Das Tool eignet sich gut für die Verwendung im Distanzunterricht.

VARIANTEN

Auch bei Edkimo lassen sich Umfragen durchführen. Zwar ist in diesem Programm die Ansicht der Ergebnisse möglich, es lassen sich jedoch keine Schlagwortwolken erstellen. Außerdem ist die Nutzung von Edkimo kostenpflichtig.

3.2 Umfragen durchführen mit Pingo

Ziele/Kompetenzen	
Die Schülerinnen und Schüler können … ✍ Feedback für eine kooperative Arbeitsphase geben. ✍ Eindrücke und Verbesserungsvorschläge anonymisiert rückmelden.	
Fach/Klasse	
Für alle Fächer und Jahrgangsstufen geeignet	
Einsatzmöglichkeit	
Umfragen erstellen	
Verwendungshinweise	
Mit dem Tool können Umfragen durchgeführt, aber auch Wissensstände abgefragt werden. Pingo ist eine kostenlose Freeware.	
Vorbereitung	
✍ Entsprechende digitale Endgeräte müssen vorhanden, aufgeladen und auf Updates geprüft sein (Smartphones, Tablets, Laptops, PCs) ✍ Eine Internetverbindung (WLAN) ist notwendig. ✍ Die Registrierung muss abgeschlossen sein.	
Sozialformen	**Ähnliche Apps**
✍ Gruppenarbeit ✍ Plenum	✍ Oncoo ✍ Classroomscreen ✍ Mentimeter ✍ Edkimo ✍ Socrative

Beschreibung

Das von der Universität Paderborn entwickelte Umfragetool bietet verschiedene Möglichkeiten, Feedback zu geben. Pingo steht für „Peer Instruction for every large groups“, es können aber auch Kleingruppen mit dem Tool arbeiten. Mit der App lassen sich Fragen zu einer kooperativen Arbeitsphase oder zu einer Unterrichtsstunde in vier unterschiedlichen Formaten erstellen: Single-Choice-Fragen, Multiple-Choice-Fragen, Freitextfragen oder numerische Fragen. Ein Erklärvideo zeigt zu Beginn eine Übersicht aller Funktionen der App. Durch das Anlegen eines Accounts können mehrere Fragen gespeichert werden, sodass Lehrende beim nächsten Mal einfach auf die vorbereiteten Fragen zurückgreifen können. Die Antworten werden nach der Umfrage ausgewertet und lassen sich als Diagramm, Tabelle oder bei der Beantwortung einer Freifeldfrage als Tagcloud darstellen. Dadurch bietet das Programm für unterschiedliche Fächer Anwendungsmöglichkeiten, die einen flexiblen Einsatz ermöglichen.

TIPPS

- Eine Anonymisierung führt zu einer hohen Beteiligung bei Umfragen.
- Es lassen sich über die Fragefunktionen auch Unterrichtsinhalte abfragen.

VARIANTEN

- Auch bei der App „Edkimo" gibt es die Möglichkeit, Umfragen in der Sicherungsphase zu erstellen. Es lassen sich damit Befragungen durchführen, Vorlagen für Fragebögen verwenden und Auswertungen besprechen, wobei sich die Ergebnisse der jeweiligen Umfrage in Text- oder Grafik-Form darstellen lassen.

3.3 Ergebnisse präsentieren und vernetzen mit Prezi

Ziele/Kompetenzen

Die Schüler/-innen können …

- Ergebnisse einer Gruppenarbeit übersichtlich in digitaler Form darstellen.
- ihre Ergebnisse im Zusammenhang mit den Ergebnissen andere Gruppen betrachten und vernetzen.
- ihre Ergebnisse digital für eine spätere Wiederholung sichern.
- andere Medien, wie Foto-, Audio- oder Videoformate, aufnehmen.

Fach/Klasse

Für alle Fächer und Jahrgangsstufen geeignet

Einsatzmöglichkeiten

Präsentation von Ergebnissen einer Gruppenarbeitsphase

Verwendungshinweise

Ein Prezi ist eine browserbasierte Präsentationssoftware, die von den meisten digitalen Endgeräten genutzt werden kann. Ergebnisse können dann über eine digitale Präsentationsform (Beamer, interaktive Tafel, Smart-TV) der gesamten Lerngruppe präsentiert werden.

Vorbereitung

- Entsprechende digitale Endgeräte (Smartphones, Tablets, Laptops, PCs) müssen vorhanden, aufgeladen und auf Updates geprüft sein.
- Eine Internetverbindung (WLAN) ist notwendig.
- Die Registrierung muss abgeschlossen sein.
- Die Nutzung ist kostenlos.
- Die Anzahl der Teilnehmenden pro Präsentation ist auf zehn begrenzt.

Sozialformen	Ähnliche Apps
Paararbeit Arbeitsteilige Gruppenarbeit Think-Pair-Share Schreibgespräch Lerntandem Gruppenpuzzle	Microsoft PowerPoint OpenOffice Präsentation Sozi Classroomscreen

Beschreibung

Prezi funktioniert wie ein interaktives Whiteboard, in das man Textfelder, Bilder, Videos oder Links integrieren kann. Mehrere Whiteboards werden zu einer Folienpräsentation zusammengefasst. Die Vergrößerung und das Verschieben der einzelnen Objekte sind anschließend möglich. Auch lassen sich einzelne Inhalte über Pfade miteinander verknüpfen. Ist ein Objekt mit einem anderen durch einen Pfad verbunden, sieht es in der Präsentation ähnlich wie ein Anflug bei Google Earth aus, erst ein Zoom-out, dann dreht sich die Fläche so, dass das neue Objekt richtig ausgerichtet ist, bevor es schließlich auf die optimale Größe gezoomt wird.
Eine Präsentation kann in ein eigenständiges Portable Prezi exportiert werden und auf Mac und Windows offline abgespielt werden. Die große Anzahl an Effekten kann bei einer Präsentation aber auch einen Nachteil darstellen. Es besteht die Gefahr, sich zu stark in der Effekt-Kiste zu bedienen. Die Präsentation soll den Inhalt hervorheben und wichtige Aspekte betonen, die Darstellungseffekte sollen aber nicht zum Selbstzweck genutzt werden. Weniger ist bei Prezi deshalb oft mehr.

TIPPS

- Prezi kann Schülerinnen und Schüler dazu verführen, die Präsentationen mit Effekten zu überladen.
- Es müssen im Vorfeld genaue Vorgaben zur jeweiligen Präsentationsform gemacht werden
- Das Tool ist auch für den Distanzunterricht nutzbar.

VARIANTEN

Microsoft PowerPoint bietet eine gute Alternative zu Prezi. Da es auf den meisten Windows-Endgeräten installiert ist, haben viele Schüler/-innen Erfahrung in der Nutzung des Programms. Microsoft PowerPoint hat dafür deutlich weniger Special Effects als Prezi, dennoch ist eine große Auswahl von Präsentationsvorlagen vorhanden.

3.4 Ergebnisse an einer digitalen Pinnwand sichern mit Padlet

Ziele/Kompetenzen

Die Schülerinnen und Schüler können ...

- Ergebnisse einer Gruppenarbeit übersichtlich in digitaler Form darstellen.
- ihre Ergebnisse im Zusammenhang mit den Ergebnissen andere Gruppen betrachten und vernetzen.
- ihre Ergebnisse digital für eine spätere Wiederholung sichern.
- andere Medien, wie Foto-, Audio- oder Videoformate, aufnehmen.

Fach/Klasse

Für alle Fächer und Jahrgangsstufen geeignet

Einsatzmöglichkeiten

Festhalten von Ergebnissen einer Gruppenarbeitsphase

Verwendungshinweise

Bei einem Padlet handelt es sich um eine browserbasierte Anwendung, die von allen digitalen Endgeräten genutzt werden kann. Die Ergebnisse können über eine digitale Präsentationsform (Beamer, interaktive Tafel, Smart-TV) der gesamten Lerngruppe präsentiert werden.

Vorbereitung

- Entsprechende digitale Endgeräte (Smartphones, Tablets, Laptops, PCs) müssen vorhanden, aufgeladen und auf Updates geprüft sein.
- Eine Internetverbindung (WLAN) ist notwendig.
- Bei Padlet muss eine Registrierung und Anmeldung erfolgen.
- Die Nutzung von drei Padlets ist kostenlos, weitere sind kostenpflichtig.

Sozialformen

- Paararbeit
- Arbeitsteilige Gruppenarbeit
- Think-Pair-Share
- Schreibgespräch
- Lerntandem
- Gruppenpuzzle

Ähnliche Apps

- Taskcards
- Conceptboard
- Cryptpad.fr
- Skype
- eduPad

Beschreibung

Ein Padlet gleicht einer digitalen Pinnwand. So sichern Gruppen während der Erarbeitungsphase ihre Inhalte um diese anschließend zu präsentieren. Dabei können alle erdenklichen digitalen Inhalte in das Padlet integriert werden. Neben einem selbst erstellten Schaubild, Fotos, Videos, Sprachaufnahmen und Skizzen lässt sich noch vieles mehr in ein Padlet integrieren. Die Lernenden können die Ergebnisse der anderen Gruppen einsehen, kommentieren und korrigieren. Am Ende steht ein digitales Produkt, das für alle Schülerinnen und Schüler jederzeit abrufbar ist und nicht abgeschrieben werden muss. Auch Thesenpapiere können auf diese Art entfallen. Besonders geeignet ist Padlet für den Distanzunterricht, da sich damit z. B. eine Wochenaufgabe schrittweise und kooperativ erledigen lässt. Die Ergebnisse können dann etwa bei einer Videokonferenz besprochen werden.

TIPP

Bei der Erstellung eines Padlets kann man zwischen verschiedenen Vorlagen auswählen:
Bei „Wand" werden die Inhalte in Ziegelsteinform wiedergegeben, bei „Liste" von oben nach unten aufgelistet, Storyboard hat eine Gitterstruktur. In der Variante „Regal" kann man Inhalte in Spalten anordnen, bei „Karte" können Inhalte (z. B. im Erdkundeunterricht) auf eine geografische Karte gesetzt werden, „Timeline" ermöglicht die Anordnung anhand einer horizontalen Linie und bei „Leinwand" lassen sich die Inhalte beliebig platzieren.

3.5 Animierte Erklärvideos erstellen mit Renderforest

Ziele/Kompetenzen

Die Schülerinnen und Schüler können …

- Ergebnisse einer Gruppenarbeit übersichtlich in digitaler Form darstellen.
- ihre Ergebnisse im Zusammenhang mit den Ergebnissen andere Gruppen betrachten und vernetzen.
- ihre Ergebnisse digital für eine spätere Wiederholung sichern.
- andere Medien, wie Foto-, Audio- oder Videoformate, mit in ihr Prezi einfließen lassen.

Fach/Klasse

Für alle Fächer und Jahrgangsstufen geeignet

Einsatzmöglichkeiten

Festhalten von Ergebnissen einer Gruppenarbeitsphase in Form von Erklärvideos, Storys, Videoanimationen usw.

Verwendungshinweise

Die meisten Bereiche der App sind kostenfrei nutzbar, die für den Unterrichtseinsatz ausreichend sind. Die Ergebnisse von Projektarbeiten lassen sich in unterschiedlichen digitalen Animationsvideos präsentieren. Renderforest ist daher auch für den Einsatz im Distanzunterricht geeignet.

Vorbereitung

- Entsprechende digitale Endgeräte (Smartphones, Tablets, Laptops, PCs) müssen vorhanden, aufgeladen und auf Updates geprüft sein.
- Eine Internetverbindung (WLAN) ist notwendig.
- Bei Renderforest muss eine Registrierung und Anmeldung per E-Mail erfolgen.

Sozialformen	Ähnliche Apps
Paararbeit	simpleshow
Arbeitsteilige Gruppenarbeit	Wideo
Think-Pair-Share	Vyond
Projektunterricht	Biteable

Beschreibung

Renderforest ist ein Tool zum Erstellen von animierten Videos, Erklärvideos oder Videostorys. Man kann aus unterschiedlichen Formatvorlagen auswählen, wobei diese in großer Zahl zur Verfügung stehen. Zu empfehlen sind hierbei das 3D-Explainer-Toolkit, das Moderne-Erklärvideo-Toolkit und das einfache Erklärvideo-Toolkit. Nach der Auswahl lassen sich in dem entsprechenden Toolkit animierte Szenen, ähnlich wie die eines Zeichentrickfilms, passend zu dem jeweiligen Thema und Inhalt auswählen. Die Ergebnisse der Gruppenarbeit werden in das Textfeld der jeweiligen Videoszene integriert. Anschließend kann eine passende Hintergrundmusik zu dem Video ausgewählt oder eingefügt werden. Der Downloadlink zum Video wird nach der Erstellung per Mail zugesandt.

TIPPS

- Es lassen sich Zusammenfassungen von Handlungen einer Geschichte, eines Dramas oder eines Romans als animiertes Video darstellen.
- Es können auch kompliziertere Vorgänge, wie eine Diskussion oder die Photosynthese, als anschauliches Video dargestellt werden.
- Bei der Veröffentlichung eines Videos z. B. auf YouTube oder der Schulwebsite muss die schriftliche Erlaubnis des Schülers bzw. der Schülerin und der Erziehungsberechtigten eingeholt werden.
- Das Tool eignet sich auch als Beitrag für unterschiedliche Schulwettbewerbe, die Schulhomepage oder als Erklärvideo für andere Lerngruppen.

VARIANTEN

Bei Simpleshow lassen sich Erklärvideos mit von einem Stimmgenerator vorgelesenen, selbsterstellten Texten unterlegen, was diese noch einprägsamer macht.

3.6 Eine Debatte durchführen mit Jitsi

Ziele/Kompetenzen

Die Schülerinnen und Schüler können …

- sprachlich versiert Argumente formulieren.
- Gestik und Mimik beim Vortrag nutzen.
- auf andere Positionen eingehen.
- eine Debatte moderieren.

Fach/Klasse

Für alle Fächer und Jahrgangsstufen geeignet

Einsatzmöglichkeit

Bei digitalen Debatten, vor allem im Distanzunterricht
Voraussetzung ist eine Fragestellung, die die Einteilung in Pro- und Kontragruppen ermöglicht.

Verwendungshinweise

Für die Verwendung des kostenlosen Tools müssen alle Schüler/-innen über ein Headset und eine Kamera verfügen. Das Headset kann durch ein Mikrofon und eine Audioausgabequelle ergänzt werden.
Als digitale Endgeräte sind Smartphones, PCs oder Tablets einsetzbar. Es ist außerdem wichtig, dass keine Störgeräusche (Baulärm, Straßenlärm) im Hintergrund zu hören sind.

Vorbereitung

- Entsprechende digitale Endgeräte (Smartphones, Tablets, Laptops, PCs) müssen vorhanden, aufgeladen und auf Updates geprüft sein.
- Eine Internetverbindung (WLAN) ist notwendig.
- Bei Jitsi ist keine Anmeldung erforderlich.
- Die Gruppen müssen in Pro- und Kontragruppen und in eine Moderationsgruppe eingeteilt werden.

Sozialformen	Ähnliche Apps
- Arbeitsteilige Gruppenarbeit - Debatte im Plenum	- Skype - BigBlueButton - Zoom

Beschreibung

Eine Debatte lässt sich natürlich am besten im Präsenzunterricht und ohne digitale Medien durchführen, allerdings wurde deren Nutzung bedingt durch die Coronapandemie zwischenzeitlich zur Normalität, weshalb es auch Möglichkeiten geben muss, eine Debatte auf Distanz durchzuführen. Jitsi bietet dafür eine einfache und übersichtliche Möglichkeit. Es können Videokonferenzen durchgeführt werden.

Vorrausetzung für jede analoge wie digitale Debatte ist eine Fragestellung, die eine Einteilung in Pro- und Kontragruppen ermöglicht. Zusätzlich ist eine kleine Moderationsgruppe sinnvoll, die Debatte leitet und die abschließende Abstimmung durchführt. Die Vorbereitungen der Debatte können am besten in einer Gruppenarbeit erfolgen, in der Argumente gesammelt werden und die Reihenfolge der Vortragenden geregelt wird. Das kann in Jitsi über eine virtuelles Handheben erfolgen, der Moderator bzw. die Moderatorin legt dabei die Reihenfolge fest.

Zu Beginn der Debatte stellt ein Mitglied der Moderationsgruppe die Vortragenden vor und skizziert kurz die Thematik. Zwei oder drei Sprecher der Pro- und Kontragruppe tragen abwechselnd ihre Argumente vor. Die Zeit des Vortrags wird zuvor festgelegt. Alle Teilnehmenden, außer der vortragenden Person, haben während der Debatte ihr Mikrofon ausgeschaltet, was bei sich bei Jitsi einfach einstellen lässt. Anschließend wird anhand einer Redner/-innenliste die Problemstellung diskutiert. Dabei können bei Jitsi Handmeldungen angezeigt werden. Abschließend wird eine Abstimmung zur Problemfrage abgehalten. Diese lässt sich z. B. mit der App „Edkimo" durchführen.

TIPPS

- Ein häufiger Einsatz von Debatten führt zu einer Routine bei der Durchführung.
- Durch das Ausschalten der Mikrofone lässt sich ein mögliches Chaos durch gleichzeitig redende Schüler/-innen minimieren.
- Gegebenenfalls lässt sich die Debatte aufzeichnen und in der Folgestunde analysieren.

VARIANTEN

Es gibt ein großes Angebot von Videokonferenztools, wie Skype, BigBlueButton oder Zoom. In der Regel verfügen auch Schulcloud und IServ über Videokonferenzfunktionen. In jedem Fall muss die datenschutzrechtliche Konformität des jeweiligen Programms vor der Nutzung überprüft werden.